고등 학부모 생활

지은이 최원용

'휴머니즘이 가득한 학교'를 꿈꾸는 현직 영어 교사입니다. 고려대학교 교육대학원에서 영어교육을 전공했으며, 가천대학교 교육대학원에서 교육심리 및 상담을 공부해 전문 상담교사 1급 자격증을 취득하였습니다. 경기도 교육청으로부터 영어교육 우수 교사로 TEE 인증을 받기도 했습니다.

학생들이 학교에서 행복하게 미래를 꿈꾸고 부모님도 편안한 마음으로 학생들을 학교에 보낼 수 있는 환경을 만드는 데 도움이 되고자 이 책을 집필했습니다.

고등 학부모 생활 완전 개정판

초판 1쇄 인쇄 2022년 6월 17일
개정판 1쇄 발행 2024년 10월 14일

지은이 최원용
발행인 박효상
편집장 김현   **기획·편집** 장경희, 이한경   **디자인** 임정현
마케팅 이태호 이전희   **관리** 김태옥

기획·편집 진행 김현

종이 월드페이퍼 **인쇄·제본** 예림인쇄·바인딩 | **출판등록** 제10-1835호
펴낸 곳 사람in | **주소** 04034 서울시 마포구 양화로11길 14-10(서교동) 3F
전화 02) 338-3555⒞ **팩스** 02) 338-3545 | **E-mail** saramin@netsgo.com
Website www.saramin.com

책값은 뒤표지에 있습니다.
파본은 바꾸어 드립니다.

ISBN 979-11-7101-108-7 13370

우아한 지적만보, 기민한 실사구시 사람in

전략적 대입 준비를 위한
적절한 개입과 코치

고등
학부모
생활

대학입시

학교생활기록부

내신

최원용 현직 교사

완전
개정판

공부가 아이의 몫이라면
정보와 방향은 부모의 몫입니다

수류책방

준비하고 아는 만큼
아이의 고등학교 생활이 달라집니다

2025년에 고등학교에 진학하는 2009년생과 그 이후 출생 학생들은 그전 아이들과는 다른 입시 체제를 경험합니다. 먼저, 2028년도 대입수학능력시험(이하 '수능')을 개정된 교육과정으로 치릅니다. 수능에서 국어, 영어, 수학은 물론 사회와 과학탐구 영역에서 수험생들은 모두 선택과목 없이 공통시험을 봅니다. 고교 내신에는 기존 9등급제 대신 5등급제가 도입되며, 교사의 평가역량 강화로 논술형 및 서술형 내신 평가가 확대됩니다.

이런 변화와 더불어, 고교학점제가 전면 실시되면서 학생들은 자신들이 필요하고 배우고 싶은 교과목을 선택해서 공부할 수 있습니다. 본인이 원하는 과목이 재학 중인 고등학교에 없으면 공동교육과정에 개설된 강좌를 신청해 타학교에서 주변 학교 학생들과 함께 수업을 받을 수도 있습니다. 이런 변화의 한가운데서 많은 학생들과 학부모님들은 달라지는 교육 환경이 궁금합니다. 그리고 불안하기도 합니다.

2022년에 출간된 동일 도서를 기반으로 이번 개정판은 변화하는 고등학교 생활과 대입 제도에 대해 2009년 이후 출생 아이들의 학부모님이 기본적인 내용을 이해할 수 있도록 구성되었습니다. 준비하고 아는 만큼 자녀의 고등학교 생활은 달라질 수 있습니다. 고등학교 3년의 생활은 한번 지나가면 다시 돌이킬 수 없습니다. 고등학교 1학년 때부터 받은 내신 성적은 나중에 고칠 수 없습니다. 동아리활동 같은 비교과 활동이나 교과 담당교사 또는 담임선생님의 학생에 대한 관찰 평가기록도 나중에 수정할 수 없습니다.

그렇다면 고등학교 생활에 어떻게 대비해야 할까요? 그건 중학교 3학년 때 본인에게 적합한 고등학교를 선택하는 일에서부터 시작해야 합니다. 고등학교 3년의 계획을 미리 세우고, 고등학교 입학 후 대학 입시 결과를 받아들기 전까지 하나하나 실천해 가야 합니다.

이 책은 크게 4개 PART로 되어 있습니다. PART 1에서는 중학교와는 완전히 차원이 다른 고등학교의 모습을 설명합니다. 고등학교를 선택할 때 고려해야 하는 점과 중학교 3학년생의 고등대비 학습법을 제안합니다. 중학교와 고등학교의 차이점을 이해하고 최근의 바뀐 교육과정과 수업에 대해서도 생생하게 알려 드립니다. 또 고등학교 3년의 생활을 조망할 수 있는 내용도 수록

했습니다. 고등학교가 제시하는 교육과정 운영계획이나 학교 안내자료를 효과적으로 활용하는 방법과 학교별 특색활동을 찾는 방법을 알려 드립니다.

PART 2에서는 대학 입시에 관한 모든 것을 알려드립니다. 대학수학능력시험에 대해 학생들과 학부모님이 꼭 알아야 하는 사항과 대학 입시의 방법을 최대한 알기 쉽게 정리했습니다. 수시와 정시라는 두 개의 큰 수레바퀴 속에서 학교장 추천 전형이나 사회통합전형에 대해서도 알려 드립니다.

PART 3에서는 고등학교 학교생활기록부를 다룹니다. 고등학교 생활은 이 학교생활기록부(일명 '생기부')를 차곡차곡 채워 가는 기간이라고 해도 손색이 없을 만큼 학교생활기록부는 중요합니다. 이렇게 중요한 고등학교 3년간의 기록인 학교생활기록부를 1학년 때부터 어떻게 채워 나가야 할지 명쾌하게 설명합니다. 학교생활기록부는 대학 입시에서 가장 중요한 자료라서 차근차근 본인만의 특색 있는 내용이 기록되도록 노력해야 합니다.

PART 4에서는 학부모님이 궁금해하는 질문들을 모아 충실한 답변을 드립니다. 교육 카페에서도 지인한테도 물어보기 쉽지 않고 명확한 답을 듣기 힘들었던 고등학교 생활에 대한 궁금증이 해결되도록 다양한 질문에 현직 교사의 시각으로 실질적인 답을 달았습니다.

아무쪼록 이 책으로 요즘 고등학교 생활은 어떤지 궁금해하시는 학부모님들이 새로운 정보를 많이 얻으시길 바랍니다. 학생들에게도 본인의 적성과 꿈을 찾아가는 과정에서 도움이 되기를 바라며, 고등학교 3년의 시간이 대학 입시의 스트레스보다 그 뒤에 있을 더 긴 인생을 계획하는 하나의 장이 되어 즐거운 추억으로 가득 채워지길 기대합니다.

고등학교 생활 타임라인

고등학교 1학기 일정

구분	1학년 1학기		2학년 1학기		3학년 1학기	
	주요 일정	해야 할 일	주요 일정	해야 할 일	주요 일정	해야 할 일
2월	고교 배정	•반 배치고사 응시				
3월	•입학식 •학부모 총회 •동아리 조직	•학급회장 선거 참여 •창체동아리 가입 •자율동아리 조직 •담임교사와 기초상담 •3월 첫 모의고사 응시	•개학식 •학부모 총회	•학급회장 선거 참여 •담임교사와 기초상담 •평가계획 파악	•개학식 •학부모 총회 •모의고사	•담임교사와 진학상담 •평가계획 파악
4월	1차 지필고사	•지필고사 대비 •평가계획 파악 •OMR카드사용교육 •학교 수상 계획 파악 •봉사활동 연간계획 파악 •학교 특색 프로그램 신청	1차 지필고사	•지필고사 대비 •학교 수상 계획 파악 •봉사활동 연간계획 파악 •학교 특색 프로그램 신청 •진로상담 프로그램 참가	1차 지필고사 모의고사	•지필고사 대비 •관심 대학 설명회 신청 및 참가
5월	체험학습 상담주간	•수행평가 준비 •진로적성검사 및 분석	체험학습 상담주간	•수행평가 준비	체험학습 대입설명회 상담주간	•수행평가 준비 •입시설명회 참여 •졸업앨범 촬영
6월	모의고사	•선택과목 안내 및 선택 •도서관 이용법 파악 •교내 봉사활동 신청	모의고사	•진로 선택과목 안내 및 선택 •상담실 이용법 파악 •학생회 조직 및 활동 참여	모의고사	•6월 수능 모의평가 성적 분석
7월	2차 지필고사	•지필고사 대비 •과세특기록 확인 •학기 말 성적 확인 및 분석 •각종 교내대회 참가	2차 지필고사	•지필고사 대비 •과세특기록 확인 •학기 말 성적 확인 및 분석 •각종 교내대회 참가	2차 지필고사 모의고사	•지필고사 대비 •각종 교내대회 참가 •과세특기록 확인 •학기 말 성적 확인 및 분석 •학생부 입력 내용 점검
8월	하계방학	•보충학습 •교내 봉사활동	하계방학	•보충학습 •교내 봉사활동	하계방학	•보충학습 •수능 시험 접수 •수시 대비 학생부 확인 및 수정 요청

고등학교 2학기 일정

구분	1학년 2학기		2학년 2학기		3학년 2학기	
	주요 일정	해야 할 일	주요 일정	해야 할 일	주요 일정	해야 할 일
9월	체험학습	•2학년 선택과목 신청 •평가계획 파악	체험학습	•3학년 선택과목 신청 •평가계획 파악	모의고사	•9월 수능 모의평가 성적 분석 •수시 대학 지원 •학교장 추천 신청 및 지원 •평가계획 파악
10월	1차 지필고사 체육대회	•지필고사 대비 •공동교육과정 수업 신청	1차 지필고사 체육대회	•지필고사 대비	모의고사 1차 지필고사 앨범촬영	•수시 전형 •졸업앨범 촬영
11월	모의고사	•수행평가 준비 •2학년 선택과목 확정	모의고사	•수행평가 준비 •3학년 선택과목 확정	수능 시험 2차 지필고사	•대학수학능력시험 응시 •모의 면접 •모의 논술 •입시컨설팅 •수시 합격자 발표 및 등록
12월	2차 지필고사 교내축제 동아리 발표회	•지필고사 대비 •과세특기록 확인 •학기 말 성적 확인 및 분석 •동아리활동 보고	2차 지필고사 교내축제 동아리 발표회	•지필고사 대비 •과세특기록 확인 •학기 말 성적 확인 및 분석 •동아리활동 보고	교내축제	•수능 이후 프로그램 참여
1월	종업식	•보충학습 •교내 봉사활동	종업식	•보충학습 •교내 봉사활동	졸업식	•정시 대학 지원
2월	동계방학	•보충학습	동계방학	•보충학습		•정시 전형 •정시 합격자 발표 및 등록 •추가 모집 확인

목차

개정판 프롤로그 ·· 04
고등학교 생활 타임라인 ·· 08

PART I
중학교와는 차원이 다른 고등학교

Chapter 1 일반 고등학교 입학 준비

01 일반고 선택 시 고려할 사항 ····································· 22
우리 아이는 어떤 유형의 학생일까? 22 친구 따라 강남 가지 말라 25
학교알리미에서 확인해야 할 정보 27 학교 홈페이지 확인도 필수! 31
공립고등학교 vs. 사립고등학교 32 고교 선택에 디테일을 더하자 34

02 내신 유불리에 따른 남녀공학, 남고, 여고의 선택 ········· 36
남녀공학 비율 36
남녀공학, 일반고 남고·여고의 특징 37

03 나이스 학부모서비스 활용 방법 ······························· 39
우리 아이의 성장 과정을 한눈에, '나이스 학부모서비스' 39
나이스 학부모서비스에서 확인할 수 있는 정보 41

Chapter 1 SUMMARY ··· 44

Chapter 2 현직 교사가 추천하는 중3 공부법

01 중3 겨울방학 때 해야 하는 공부 ······························ 46

02 고등학교 대비 국어 공부법 ····································· 48
문법이 기본이다 51 비문학, 많은 독서로 대비하라 51
문학, 수능 시험 빈출 작품의 경향을 파악하라 52

03 고등학교 대비 영어 공부법 ⸻⸻⸻ 52

어휘가 기본이다 53 어휘는 반복이 핵심이다 54

고등 영어 문법을 정복하라 55 독해의 속도와 양을 늘려라 57

반복 학습으로 듣기 실력을 갖춰라 58

04 고등학교 대비 수학 공부법 ⸻⸻⸻ 60

선행의 깊이와 범위를 정한다 61 학교 수업이 가장 기본이다 63

05 고등학교 대비 과학 공부법 ⸻⸻⸻ 65

과학의 원리와 법칙을 이해하라 65

물리학: 용어를 익히고 법칙과 공식을 체득하라 67

화학: 많은 문제를 풀면서 이해력을 높여라 68

생명과학: 노트를 만들어 취약 부분을 정리하라 68

지구과학: 기초를 탄탄히 하고 비슷한 문제를 풀어라 69

Chapter 2 SUMMARY ⸻⸻⸻ 70

Chapter 3 중학교와 고등학교의 차이점

01 한 학년도 버릴 수 없는 내신의 중요성 ⸻⸻⸻ 72

내신은 바꿀 수 없는 나의 과거 72 5개 학기 vs. 6개 학기 75

02 비교가 안 되는 수업의 깊이 ⸻⸻⸻ 77

깊고 세분화된 고등학교 수업 77 1년 내내 평가의 연속 80

03 피 튀기는 지필고사와 수행평가 ⸻⸻⸻ 82

고등학교 3년 중 가장 경쟁이 치열한 학기는? 82 한 과목 성적표를 받기까지 84

좋은 내신 성적을 받기 위한 노력 86 지필평가 변별력 발생 지점 87

수행평가 하나도 놓칠 수 없다 88

04 전교 등수보다 중요한 등급 ⸻⸻⸻ 91

내신 성적은 상대 평가? 절대평가? 91

05 대입 개편으로 공통된 문제로 치르는 수능 ⸻⸻⸻ 95

수능 시험도 변화한다 95

Chapter 3 SUMMARY ⸻⸻⸻ 97

Chapter 4 한눈에 보는 고등학교 3년의 생활

01 **1년의 생활이 보이는 학교 안내자료** ··· 100
학부모 총회 101 학부모 총회 참석에 부담은 No! 102 학교 안내자료 103

02 **교육과정 운영계획** ·· 104
무슨 과목을 언제 배우는가 104 학생들의 선택권 106

03 **나에게 맞는 학교별 특색활동** ··· 108
수상 계획 108 특색활동 110

Chapter 4 SUMMARY ·· 112

Chapter 5 변화하는 고등학교

01 **고교학점제** ·· 114
고교학점제란? 114 고교학점제로 달라지는 사항 115
고교학점제의 장점 117 고교학점제의 단점 118

02 **공동교육과정 수업** ··· 120
공동교육과정 수업의 정의 120 공동교육과정 수업도 정규 교육과정 121
공동교육과정 수업의 장점 123

03 **고교 정보 블라인드** ·· 125
대입 공정성 방안의 핵심 125

Chapter 5 SUMMARY ·· 129

PART II
복잡한 대입 전형 완벽 정리

Chapter 1 **대학수학능력시험**

01 **수능 시험의 특징** ··· 134
문·이과 통합 수학능력시험 134
2028 대입 수능 개편안 136

02 **수능 시험 일정** ·· 137
주요 일정 137 6월, 9월 모의평가의 의미 138 수능 시험의 전후 절차 139

03 **수능 시험 과목 및 시험 시간** ······························ 141
시험 과목 141 수능 시험 시간 및 배점 142 수능 시험날 오전 143
수능 시험날 오후 145 아침부터 저녁까지 보는 수능 시험 146

04 **수능 시험 성적표** ··· 149
수능 시험 성적 보는 법 149 백분위와 표준 점수 151

05 **수능 시험에서 유의할 점** ······································ 153
수능 시험 준비물 153 아날로그 시계 준비 154
늦어도 8시 40분까지 입실해야 한다 155
수능 시험에서는 작은 실수도 치명적이다 156

Chapter 1 SUMMARY ··· 158

Chapter 2 **수시**

* **대입 전형의 유형** ··· 160

01 **학생부 종합 전형** ··· 163
팔방미인 모여라 163 어디에서나 환영받는 종합 전형 맞춤형 인재 165
짜릿한 역전승을 노린다면 학생부 종합 전형! 166

02 **학생부 교과 전형** ··· 168
'학생부 100%' 전형과 '학생부+면접' 전형 168 가장 확실한 대학 합격의 길 170
수능 시험 성적이 좋으면 합격 가능성 Up! 172

03 **논술 전형** ·· 175

짜릿한 경쟁을 느끼고 싶다면 논술 전형 175

논술 전형에서 학생부는 중요하지 않다? 176

04 **실기/실적 전형** ·· 178

Chapter 2 SUMMARY ·· 180

Chapter 3 **학교장 추천 전형과 특별 전형**

01 **학교장 추천 전형(지역균형선발 전형)** ································· 182

추천 인원 제한이 있는 대학교 183 학교장 추천 선정 과정 184

졸업생도 학교장 추천에 도전할 수 있다 185 학교장 추천받기 쉬운 대학 186

학교장 추천권은 합격증이 아니다 187

02 **농어촌 특별 전형** ·· 188

자격 조건 188 정시를 노리자 190

03 **고른 기회 전형** ·· 191

자격 기준과 선발 인원 191 유불리는 지원자의 몫 192

Chapter 3 SUMMARY ·· 194

Chapter 4 **정시**

01 **수능 시험** ·· 196

정시 입시의 과정 197 정시 입시의 변화 198 정시 지원 방법 199

정보는 최대한 많이 200   정시 입시 체크 포인트 201 유리한 조합을 찾아라 204

경쟁률 확인은 필수 205 한 해 입시의 마지막은 추가 모집 206

02 **실기** ··· 208

예체능 비실기 전형 209

Chapter 4 SUMMARY ·· 210

PART Ⅲ
입시의 동반자, 학교생활기록부와 내신 성적

Chapter 1 **학교생활기록부**

01 **학교생활기록부의 구성** ·· 216
2페이지에서 30페이지로 217 학교생활기록부의 구성 218

02 **인적·학적사항** ·· 219
인적·학적사항의 기본 정보 219

03 **출결상황** ··· 221
지금도 개근은 성실함의 상징 221 출결상황의 종류 222

04 **수상 경력** ·· 225
교내상만 입력된다 225   상을 받기 위한 도전 226

05 **자격증 및 인증 취득상황** ··· 228
국가기술 자격증 및 국가 공인 자격증만 입력된다 228

06 **창의적체험활동상황** ·· 230
창의적체험활동의 4가지 영역 230 자율활동 232
동아리활동 233 진로활동 233 봉사활동 234

07 **교과학습발달상황** ··· 236
교과학습발달상황은 교과 영역이다 236   과목별 세부능력 및 특기사항 238

* **과목별 세부능력 및 특기사항(과세특)의 충실한 작성법** ·········· 239

08 **독서활동상황** ··· 243
독서활동 입력 정보 243   자신의 진로와 연결해야 한다 245

09 **행동특성 및 종합의견** ·· 246
행동특성 및 종합의견의 중요성 246 3학년 담임교사의 평가는 필요 없다 247
행동특성 및 종합의견에 수록되는 내용 248

10 **대학 입시에서 학교생활기록부의 역할** ································ 249
정량 평가 vs 정성 평가 250 서류 평가 251
학교생활기록부의 역할은 축소되지 않는다 253

11 남다른 학교생활기록부를 위해 필요한 것 ·· 255

일반적인 내용보다 구체적인 내용으로 256 관심사가 다양한 학생 257
내가 한 일인가? 선생님이 한 일인가? 258 좋은 자율활동이란? 259
좋은 동아리활동이란? 261 좋은 봉사활동이란? 262 좋은 진로활동이란? 262

Chapter 1 SUMMARY ··· 264

Chapter 2 내신 성적

01 내신 성적 석차 등급 산정 방식 ··· 266

내신 성적 표시 방법 266

02 성적표(내신/모의고사) ··· 268

내신 성적표 보는 법 268 모의고사 성적표 보는 법 270

Chapter 2 SUMMARY ··· 272

PART IV
현직 교사가 조언하는 고등생활 전략 Q & A

Chapter 1 고등학교 진학 및 준비 전략 Q & A

Q1 현실적으로 어느 정도까지 선행학습을 하고 오는 게 좋을까요? ·················· 278
Q2 빡센 학교보다 느슨한 일반고에 가서 1등을 하는 게 더 유리할까요? ············· 280
Q3 특성화고로 진학해 대입을 노린다고 할 때 유의할 사항은 무엇인가요? ········· 282
Q4 고교 블라인드는 어느 학교에 유리한가요? ······································· 284

Chapter 1 SUMMARY ··· 286

Chapter 2 입시 대비 전략 Q & A

Q1 고교학점제 실시 때 선택과목은 어떻게 골라야 하나요? ························· 288
Q2 전국연합학력평가와 대학수능모의평가의 차이점은 무엇인가요? ·················· 292
Q3 수학, 영어 등 특정 과목을 못해도 대학에 갈 수 있나요? ························ 294

Q4   1, 2학년 때 진로와 다르게 3학년 때 진로를 변경했다면 어떻게 준비해야 할까요? 297

Q5   육사, 경찰대, 한예종 같은 특수학교 지망자는 어떻게 준비해야 하나요? ········ 299

Q6   아이가 고1부터 정시로 방향을 틀고 내신 성적은 포기하겠다고 합니다. ····· 301

Q7   고 1, 2때 놀았어도 고3때 정신 차려서 바짝 공부하면 대학 진학이 가능할까요? 303

Q8   수시 원서 6장은 어떤 식으로 어떤 기준으로 써야 할까요? ················· 306

Q9   수능 시험 직전에는 무엇을 준비해야 하나요? ···························· 308

Q10   교사 추천서와 자기소개서가 폐지되면 어떤 요소가 중요해지나요? ········ 310

Q11   무조건 재수하겠다는 고3 아이, 어떻게 해야 하나요? ···················· 312

Q12   논술 실력을 늘리기 위한 추천 방법이 있나요? ························· 314

Chapter 2 SUMMARY ··· 316

Chapter 3   학교생활기록부와 내신 성적 대비 전략 Q & A

Q1   학적 사항에 검정고시 학생이나 대안학교 졸업생은 어떻게 표시되나요? ········ 318

Q2   미인정 결석(무단 결석)이 많으면 대학 입시에서 불리한가요? ············ 320

Q3   창체동아리와 자율동아리의 차이점은 무엇인가요? ···················· 323

Q4   어떤 종류의 봉사활동이 대학 입시에 유리한가요? ···················· 326

Q5   고1 3월 모의고사가 정말 중요한가요? ······························ 329

Q6   시험 기간 학습법을 알려 주세요 ··································· 331

Q7   수행평가의 비중은 어느 정도인가요? ······························ 333

Q8   한 번 지필고사를 망치면 교과 전형으로 대학 입학은 힘든가요? ········· 335

Q9   중간고사를 망쳤다면 기말고사 때 회복할 수 있는 방법은 무엇인가요? 337

Q10   내신 성적과 모의고사 성적이 너무 차이가 나는데 어떻게 해야 하나요? ········ 340

Q11   같은 과목에서 100점이 여러 명이면 1등급 산출 인원은 어떻게 되나요? ········ 343

Q12   담임선생님과 사이 안 좋으면 학생에게 좋지 않은 내용을 써주나요? ········ 345

Q13   학교폭력 관련 내용은 지울 수 없나요? ······························ 347

Q14   학교생활교육위원회에서 선도처분을 받으면 대학 입시에 큰 장애가 되나요? · 350

Chapter 3 SUMMARY ··· 352

참고 문헌   354

편집자 후기   355

PART I

중학교와는
차원이 다른
고등학교

Chapter 1

일반 고등학교
입학 준비

01

일반고 선택 시
고려할 사항

우리 아이는 어떤 유형의 학생일까?

여러분 아이의 학교생활은 어떤가요? 학교에 가는 것이 신나는 학생인가요? 학교에 가는 것이 끔찍하게 싫은 학생인가요? 학교에서 조용히 공부만 하는 학생인가요? 아니면 여러 반을 돌아다니며 많은 친구들과 우정을 쌓는 학생인가요? 이렇게 질문을 던지는 건 자신이 어떤 유형의 학생인지 알아야 본인에게 가장 적합한 학교를 선택할 수 있기 때문입니다.

학교에서는 통상적으로 입시 유형에 따라 학생을 구분합니다. 그 유형에 맞는 성향과 공부 태도가 조금씩 다르기는 한데, 보통 다음의 표와 같습니다.

인재 유형의 종류

종합형 인재	• 친구들을 좋아하고 학교 활동에 많이 참여한다. • 교사에게 질문을 많이 하며 모둠활동에 적극적이다.
교과형 인재	• 공동 학습보다 혼자 공부하는 편이다. • 노트 필기를 잘하고 내용 정리를 잘한다. • 가장 많은 수의 학생이 여기에 속한다.
실기 전형 인재	• 학과 공부보다 예체능 과목에 흥미가 있다. • 체육관과 음악실 같은 특별실 수업을 좋아한다.
논술형 인재	• 평소 다양한 분야의 독서를 많이 한다. • 논리적이고 토론을 즐긴다.
정시형 인재	• 아직 잠재력이 폭발하지 못해 학교 성적은 저조하다. • 집중력이 높으며 인내심이 뛰어나다. • 단순 암기는 못하지만 이해력이 높다.

인재 유형은 종합형 인재, 교과형 인재, 실기 전형 인재, 논술형 인재, 정시형 인재로 나뉘는데, 인재 유형이 이렇게 다르다면 자신이 어떤 유형인지 생각해 보고 자신에게 적합한 고등학교에 진학해야 유리하겠지요. 그렇다면 각 인재 유형에는 어떤 고등학교가 적합할까요?

인재 유형별 고등학교 선정 방법

종합형 인재	학생부 종합 전형으로 학생을 많이 보내는 고등학교에 진학해야 합니다. 이런 학교는 여러 가지 다양한 프로그램을 진행하고 활기찬 학교 분위기 덕분에 본인의 능력을 펼치기 유리합니다.
교과형 인재	학급 수와 학생 수가 많아 상대적으로 학교 성적을 올리기 쉬운 학교에 진학해야 합니다.
실기 전형 인재	예술고등학교에 안 가고 일반 고등학교에 진학하는 경우, 방과후 수업에 예체능계열 수업이 개설되어 있는지, 고등학교에서 실기 준비를 유연하게 처리해 주는지를 확인해야 합니다.
논술형 인재	논술형 인재는 정시형 인재와 비슷하며 수학 과목을 밀도 있게 수업하는지, 논술 방과후 수업이 개설되어 있는지 여부도 파악하면 좋습니다.
정시형 인재	실습이나 참여 위주가 아니라 밀도 있는 수업이 진행되고 방과후 학교가 활성화되어 있는 학교에 진학해야 합니다.

학생부 종합 전형이니 교과 전형이나 하는 말이 어려우시죠? 해당 과정에서 상세히 설명드릴 테니 너무 걱정하지 말고 따라오시면 됩니다.

앞에서 설명한 인재 유형은 절대적인 것이 아닙니다. 아이가 어느 유형에 속하니까 우수하고 반대로 그 유형에 속하지 않으니까 우수하지 않다고 단정할 수도 없습니다. 아이의 고교 선택에 도움이 되는 하나의 지침으로 활용하시고, 무엇보다 아이가 어느 부분에 강점이 있고 어떤 특성이 있는지 차분하게 본인을 돌아볼 수 있는 시간을 허락해 주시기 바랍니다.

친구 따라 강남 가지 말라

고등학교를 선택할 때 가장 중요한 요소 중 하나는 바로 통학 거리입니다. 중학교까지는 근거리 배정 원칙이라서 차를 타고 다니는 경우가 많지 않지만, 고등학교는 대중교통이나 부모님 차를 타고 통학하는 경우가 많습니다. 그래서 기숙사가 있는 학교에 진학하는 경우가 아니라면 일반고 진학 시 근거리 학교에 진학하는 것이 최고의 선택입니다.

입시는 체력 싸움입니다. 등하교에 드는 시간이 하루에 왕복 1시간 이상이라면 체력적으로 힘들 수밖에 없습니다. 그래서 고등학교 선택에서 가장 중요한 요소는 바로 통학 거리입니다. 집에서 학교까지 도보로 10~15분 정도 거리라면, 매일 걸으면서 등하교하며 운동도 겸할 수 있어서 최고로 좋습니다.

고등학교 입시를 앞둔 중3 때는 감정이 풍부한 시기입니다. 또 고등학교를 선택할 때 선생님보다는 친구들에게서 정보를 많이 얻는 편입니다. 친한 친구들이 A고등학교에 진학한다고 하면 그 친구들과 떨어지기 싫어서 친구 따라 진학하는 경우도 많습니다.

이 방법이 꼭 틀렸다고 할 수는 없지만, 친한 친구들은 다른 학교에 있을 때 더 진가를 발휘한다는 것을 아이에게 꼭 알려 주시기 바랍니다. 학교별로 특색이 있어서 다른 학교를 다니는 친한 친구들에게서 다양한 많은 정보를 얻을 수 있습니다. 고등학교 때는 친구와의 학교생활도 중요하지만 모든 역량을 학업에 집중해야 합니다. 특히 주변 친구들에게 마음이 많이 쏠리고 친구들에게 휘둘리는 성향의 학생이라면 더더욱 주변 친구들이 학업의 방해 요소가 됩니다. 주말이나 방학 때 친한 친구들과 만나 놀 수 있는 시간은 얼마든지 있습니다. 굳이 고등학교까지 같이 가야 하는 것은 아니라는 점입니다.

이렇게 여러 가지를 고려하여 알아보는 데도 본인에게 맞는 필요 요소를 모두 충족하는 고등학교가 없을 수도 있습니다. 그럴 때는 학생의 특성과 체력 등 모든 요소 중에서 가장 중요한 것을 1순위로 선택하거나 가장 공통분모가 많은 학교를 선택해야 합니다. 물건을 살 때도 감성적 요소가 중요하고 가심비라는 말이 있듯이, 학생 자신이 마음이 끌리는 학교로 진학해야 고등학교에 가서도 후회 없이 열심히 공부할 수 있습니다.

학교알리미에서 확인해야 할 정보

아이가 지원하고자 하는 고등학교가 수십 개는 아닐 것입니다. 지원을 희망하는 일반 고등학교 리스트를 뽑고 대상이 되는 몇몇 학교는 학교알리미를 통해서 알아보세요. 포털사이트에서 '학교알리미'로 검색을 하면 해당 사이트가 검색되는데, 유용한 정보와 함께 본인에게 맞는 고등학교에 대한 다양한 정보를 제공합니다. 휴대폰 앱도 지원하고 있으며, 여러 가지 학교 정보와 교육 여건 등 전반적인 고등학교 교육 내용을 언제 어디서나 쉽게 확인할 수 있습니다.

학교알리미 사이트에서 학교를 검색한 후 검색한 학교를 선택하여 들어가면 설립 구분, 설립 유형, 학생 수, 교원 수, 급식 정보, 학사 일정, 학생 현황, 방과후 학교 운영 계획 및 교육과정, 동아리 현황 등 학교 운영에 대한 전반적인 내용이 총망라되어 있습니다. 제공하는 정보 항목이 6개 탭이고, 세부 항목이 46개에 달할 정도로 고등학교에 대해서 어쩌면 재직 중인 고등학교 교사에게 얻을 수 있는 것보다도 더 많은 정보를 제공합니다. 사실 재직 중인 교사도 학교 운영에 대한 모든 정보를 갖고 있지는 않습니다. 세부 항목 46개 중에서는 형식적인 정보도 있는데, 예비 고등학생으로서 학교를 선택할 때 보면 좋은 몇 가지 정보를 추려 드립니다.

학교알리미 공시 정보 항목 화면

학생현황 탭 공시 정보에서 기본적으로 살펴보는 정보는 설립 구분에서 확인 가능한 공립과 사립 여부입니다. 성별 학생 수와 학년별, 학급별 학생 수를 파악할 수 있습니다. 남녀 학생 비율과 학년별 학생 수는 고등학교 선택에서 가장 기본적인 정보입니다. 학령 인구가 많이 줄면서 학급 수가 감축되는 고등학교들이 많습니다. 현재 학년별 학급 수 감소의 추이를 보면서 학년별 인원 수를 예측해 보는 일은 성적 산출 인원을 파악하는 데 큰 도움이 됩니다. 학생 수가 많은 학교일수록 교과 등급 산정에 유리하기 때문입니다. 졸업생의 진로 현황은 일반적으로 4년제 대학교, 전문대학교, 취업자 비율만 나오므로 세부적으로 특정 대학에 얼마나 많이 진학했는지 알 수는 없습니다.

교원현황 탭 직위별 교원현황에서 남녀 교원의 성비를 확인하여 본인에게 적합한 학교를 찾는 데 도움이 될 수 있습니다. 상당수 학생들은 초등학교부터 중학교, 심지어 고등학교 졸업할 때까지 10년 넘게 여교사가 계속 담임을 맡고 남교사가 한 번도 담임을 맡지 않은 경우도 있습니다. 남교사가 좋다 나쁘다는 말이 아니라 본인에게 성향상 도움이 더 될 수 있는 여교사 또는 남교사가 많이 있는 학교로 진학하면 조금이라도 도움이 된다는 뜻입니다. 일반적으로 사립고등학교가 남교사 비율이 높은 편이고, 공립고등학교의 경우 여교사의 비율이 압도적으로 높습니다.

교육활동 탭 세부적인 학교교육과정을 알아볼 수 있습니다. 방대한 자료이면서 동시에 학교 교칙이나 각종 규정 같은 학교교육계획이 망라되어 있기에 하나하나 살펴보는 데 상당한 시간이 걸립니다. 따라서 몇 가지 중요하게 봐야 할 항목은 다음과 같습니다.

① **학교교육과정 편성·운영 및 평가에 관한 사항 항목** 교육과정 편성표와 학사 일정을 확인할 수 있습니다. 해당 고등학교 1년 동안의 총괄계획이라 할 수 있는 교육과정 편성표에서 해당 고등학교에 개설되어 있는 과목과 이수 단위 등을 확인할 수 있습니다. 학사 일정을 확인하면 1년 동안 학교 운영계획을 엿볼 수 있습니다.

② **교육운영 특색사업 계획 항목** 교과교실제나 수준별 이동 수업 같은 특색사업 유무, 공동교육과정 수업, 학교 특색사업 등을 확인할 수 있습니다. 교과별(학년별) 교과진도 운영계획에서는 진도계획, 지필평가 비율, 수행평가 영역 등 교과 수업과 관련된 모든 정보를 볼 수 있습니다. 사실 평가 영역은 예비 고등학생보다는 고등학교 재학생들에게 유용한 정보입니다.

교육여건 탭 교실 수, 학교 면적, 체육관 유무 같은 일반 고등학교에서 크게 차이 나지 않는 항목들이 많이 나열되어 있습니다. 여기에서 가장 중요한 항목은 학교폭력대책심의위원회 운영 현황 및 심의 결과, 학교장의 학교폭력 사건 자체 해결 결과 항목입니다. 학교폭력 사건이 발생한 빈도와 내용 등을 미뤄볼 때 해당 고등학교의 학급 분위기나 갈등 상황 발생 여부 등을 짐작할 수 있습니다. 아무리 좋은 현대식 건물과 시설이 있고 입시 실적이 좋은 학교라 해도 학교 구성원 사이의 갈등과 학교폭력 사안이 많이 발생하는 학교라면 고등학교 지원을 심사숙고해야 합니다. 성적과 대학 입시를 중요하게 볼 수도 있지만 학생 스스로 신나고 행복하게 다닐 수 있는 환경이 가장 먼저 우선시되어야 하기 때문입니다.

`예결산현황 탭` 여기에 있는 교비 회계 예·결산서나 학교발전기금 항목은 일반인들이 열람하고 내용을 정확히 파악하기 어려운 부분이므로 참고만 하면 됩니다. 일부 사립고등학교에서 사학 비리가 발생하는 부분이 있지만 정보공시에서 회계 항목의 실제적인 내용을 확인할 수는 없습니다.

`학업성취사항 탭` 성취도를 파악할 수 있지만 다른 학교와의 비교 항목이 아니라 학교 내 내신평가에서의 성취도이므로 해당 고등학교의 학업 수준을 파악하기는 힘듭니다. 다만 과목별로 평가 난이도가 어떤지는 대략적으로 파악할 수 있습니다.

학교알리미 사이트에서 즐겨 찾는 학교를 활용하면 좋습니다. 즐겨 찾는 학교 비교 페이지에서 학교들을 선택하고 추가하기 버튼을 선택한 후 비교하기 아이콘을 누르면 됩니다. 고등학교끼리 최대 10개 학교까지 선택해 비교할 수 있으므로, 관심 고등학교를 즐겨 찾는 학교로 저장해 놓고 항목별로 비교해서 학교를 판단할 수 있습니다.

마지막으로 '내 주변 학교 정보' 활용도 추천합니다. 학교알리미 사이트의 내 주변 학교 지도 검색 메뉴에서 본인이 거주하고 있는 지역 주변 고등학교의 위치와 정보를 한눈에 살필 수 있어서 편리합니다. 아이가 다닐 학교가 최종 배정되는 날까지 아이와 함께 관심을 가지고 살펴보시면 선택에 큰 도움이 될 것입니다.

학교알리미에 정보를 올리는 것을 고등학교 현장에서는 '정보공시'라는 용어로 칭합니다. 분기별로 해야 하는 정보공시는 학교 선생님들에게 대단히 중요하고도 힘든 업무 중 하나입니다. 정보공시 내용은 허위로 작성할 수 없을 뿐만 아니라 고등학교를 외부에 속속들이 나타내는 업무여서 준비가 많이 필요하기 때문입니다. 따라서 이런 과정을 통해 학교알리미에 올라가는 내용의 신뢰성은 담보할 수 있습니다.

학교 홈페이지 확인도 필수!

학교알리미 외에 해당 고등학교 홈페이지를 통해서도 정보를 얻을 수 있습니다. 학교를 방문할 때 교문이나 교정에서 풍기는 분위기로 학교 이미지가 결정되듯이 고등학교 홈페이지에 방문하면 해당 학교의 학풍이나 분위기를 감지할 수 있습니다.

학교알리미 사이트에 나오는 정보공시가 학교가 의무적으로 제출해야 하는 자료의 성격이 짙다면, 학교 홈페이지는 학교 자체에서 알리고 싶고 보여주고 싶은 정보가 많습니다. 학교장의 교육 철학을 엿볼 수 있고 학교 교직원의 구성과 조직도 파악할 수 있습니다. 각종 양식이나 진로 정보, 대입 정보를 제공하는 경우도 많습니다.

여기에서 가장 중요하게 봐야 할 부분은 공지사항과 가정통신문입니다. 공지사항과 가정통신문 같은 게시판을 살펴보면 해당 고등학교가 얼마나 열심히 교육활동을 하는지 미루어 짐작할 수 있습니다. 고등학교는 학교마다 학교 홈페이지를 관리하는 교원이 따로 지정되어 있습니다. 담당 교원만이 학교 홈페이지를 관리하는 경우 가정통신문의 업데이트가 늦는 경우가 많습니다. 공지사항에서도 최신 공지사항이 몇 달 전인 경우도 있습니다. 반면에 학교 교육활동이 활발한 학교는 가정통신문과 공지사항 등록 게시물이 다양한 교직원의 이름으로 계속 업데이트됩니다. 변경된 계획이나 알림을 지체 없이 학교 구성원들에 알려주기 위해 노력하는 학교는 학교를 살아 숨 쉬게 하고 끊임없이 변화하고자하는 곳입니다.

공립고등학교 vs. 사립고등학교

전국의 고등학교는 약 2,300여 개로, 그중에서 국·공립고등학교는 1,400여 개, 사립고등학교는 900여 개가 됩니다. 1,600여 개의 일반고와 더불어 특성화고는 500여 개가 있고 나머지는 특수목적고나 자율고가 차지합니다.

사립고등학교 장점 vs. 단점

👍 사립고등학교는 선생님들의 이동이 거의 없어서 학생들을 통일성 있게 가르칠 수 있다는 장점이 있습니다. 1학년 때부터 3학년 때까지 학생에 대한 정보를 이전 담임선생님이 다음 담

임선생님께 잘 전달해 줍니다. 학생 성향이 내성적이거나 마음의 보살핌을 잘 받아야 하는 경우라면 사립고등학교가 좋은 선택이 될 수 있습니다. 쉽게 말하면 좀 더 가족적이라는 생각이 듭니다. 졸업 후에도 모교를 찾아가면 담임선생님께서 항상 계시는 모습을 볼 수 있고, 재수를 하게 되더라도 졸업 후 도움을 받을 수 있는 가능성이 상당히 높습니다.

👎 사립고등학교의 단점은 선생님들이 정보에 취약할 수 있다는 점입니다. 물론 요즘은 각종 연수를 받고 교류를 많이 하지만, 상대적으로 공립고등학교보다는 인적 이동이 적어서 최신 정보를 늦게 습득하기도 합니다.

공립고등학교 장점 vs. 단점

👍 공립고등학교는 타학교에서 다양한 경험을 하고 오신 선생님들이 많습니다. 수준이 다르고 지역이 다른 학교에서 여러 경험을 하신 선생님들은 본인만의 노하우를 현재 부임한 학교에서 녹여내고자 노력합니다. 고등학교만의 특성 있는 프로그램은 그대로 유지하며 선생님만 교체되는 개념이라고 보면 됩니다. 추가적으로 공립학교에는 여자 선생님의 비율이 상대적으로 높습니다. 사범대 졸업생의 대부분이 여성이고, 임용고시를 통과해서 학교에 임용되는 비율도 여성이 압도적으로 높습니다.

👎 공립고등학교는 선생님들의 이동이 많습니다. 작년 담임선생님을 올해엔 학교에서 볼 수 없을 수도 있고 졸업 후 학교를

찾아가면 거의 백이면 백 담임선생님은 다른 학교에 전근을 가셨을 확률이 높습니다. 재수를 하게 되어 도움을 받으러 찾아갈 때 학생을 기억하거나 잘 알고 있는 선생님이 많이 남아 있지 않을 수가 있습니다.

고교 선택에 디테일을 더하자

앞서 말한 내용은 일반적으로 참고해야 할 것일 뿐 고등학교를 선택할 때는 학생 개개인의 특성에 따라 본인 스스로 결정해야 합니다. 다음은 추가적으로 고려해야 할 사항입니다.

학교의 규모

학급 수가 적은 학교일수록 학교폭력의 위험이 적고, 사건 사고가 적습니다. 선생님들도 학생들의 이름을 모두 알고 가족적인 분위기일 확률이 높고요. 반대로 성적 측면에서만 본다면, 고등학교는 상대평가 방식이어서 규모가 작은 학교일수록 학교 내신 성적을 잘 받기가 다소 어렵습니다. 100명 중 10등과 400명 중 40등은 비율로 보면 1등급 기준인 10%로 동일하지만, 일반적으로 100명 중 10등 안에 드는 것이 더 어렵습니다.

규모가 큰 학교일수록 소위 성적을 깔아주는 학생의 비율이 높아서 내신 등급을 따기가 쉬워집니다. 실수로 시험을 망쳐서 11,

12등을 하면 100명인 학교에서는 아쉽게 2등급으로 내려가지만, 400명인 학교에서는 시험에서 실수를 해도 40등 안에 들면 1등급을 받을 가능성이 높아지기 때문입니다.

고교학점제

또 다른 고려 사항은 고교학점제입니다. 2025년부터 전면 실시되는 고교학점제 하에서 학교교육과정을 살펴보고 본인의 진로와 전공 관련 교과목이 개설되어 있는지, 그리고 본인이 자신 있어 하는 과목이 개설되어 있는지 확인한다면 좋은 선택이 될 수 있습니다. 예를 들어 어렸을 때부터 중국어를 배웠거나 잘한다면 다른 외국어가 개설되어 있는 학교보다는 중국어가 개설되어 있는 학교가 학생에게 유리합니다.

과학고나 예술고처럼 특수목적고가 아니어도 일반고에도 과학, 음악, 미술, 체육 영역이 중심이 되어 운영되는 학교가 있습니다. 과학 중점학교는 교육과정상 과학 과목이 좀 더 편제되어 있어 자연계열 진학을 꿈꾸는 학생들에게 유리합니다. 예체능계열을 전공하고자 하는 학생은 예술 영역 중심으로 되어 있는 학교로 진학하면 유리합니다. 아무래도 본인이 예체능계열로 진학한다면 비슷한 성향의 학생들이 많이 있는 학교에서 정보도 쉽게 얻을 수 있고 학교 선생님들의 도움을 받기도 편하기 때문입니다.

02 내신 유불리에 따른 남녀공학, 남고, 여고의 선택

남녀공학 비율

최근에 새로 생기는 학교는 거의 무조건 남녀공학이라고 보면 됩니다. 90년대부터 성평등의 가치를 중요시하고 이성 간의 가치관을 함께 공유하자는 취지 때문에 그렇고, 실제로 교육청에서도 대부분 남녀공학으로만 인가를 내주고 있습니다. 학령 인구 감소로 원래 남학교였던 학교도 학생 수를 충원하기 힘들어서 여학생을 받아 남녀공학으로 바꾸는 경우도 많습니다. 현재 남녀공학의 비율은 약 40~50% 내외로, 서울은 약 50%인 반면, 경기도에서는 남녀공학이 90%에 가깝습니다. 역사가 있는 지역은 남학교 또는 여학교를 유지하는 경우가 많습니다. 예를 들어 분당 신도시가 있는 경기도 성남 지역의 경우 30여 개 학교 중에서 남자

고등학교는 2곳, 여자고등학교는 3곳에 불과합니다. 반대로 수도권 중에서 상대적으로 역사가 깊은 인천 지역은 남녀공학 비율이 30%대입니다.

남녀공학, 일반고 남고·여고의 특징

남녀공학의 특징

남녀공학에 가면 이성교제가 많아져서 학업에 방해가 되어 성적이 하락한다고 여기는 학부모님들이 많습니다. 실제로 이성교제 등의 이유로 성적이 떨어지는 경우가 있을 수 있습니다. 반면에 이성을 더 잘 이해하고 이성에 대한 편견을 버릴 수 있다는 장점이 있습니다. 어차피 사회는 남성과 여성이 어울려 살아가야 하는 곳이기 때문입니다.

남녀공학에서 상위권 내신을 차지하는 비율은 여학생이 월등히 높습니다. 상대적으로 꼼꼼하고 암기를 잘하는 여학생들이 많아 단순 지식이나 수업 시간에 배운 내용을 바탕으로 한정된 범위 내에서 실시하는 학교 지필고사에서는 여학생들의 성적이 높은 편입니다. 단, 남녀공학이라 해도 과학특성화 학교에서는 남학생들이 상위권을 차지하는 경우가 많습니다.

남고의 특징

좋은 내신 성적을 받는 것이 상대적으로 수월합니다. 남학생들은 내신 성적을 토대로 수시를 노리기보다는 수능 시험을 통해 정시로 지원하는 경향이 많고, 또 공부에 대한 열의가 상대적으로 떨어져 내신 성적에 관심이 없는 학생도 많기 때문입니다.

1학년 때부터 내신 성적에 촉각을 기울이고 수행평가와 지필평가를 동시에 신경 쓴다면 남녀공학학교보다 훨씬 더 좋은 내신 성적을 쌓아갈 수 있습니다.

여고의 특징

상대적으로 좋은 내신 성적을 받기 어려운 경우가 많습니다. 여학생들이 내신을 포기하는 경우도 드물고 학교 수행평가나 모든 시험에 적극적으로 참가하는 비율도 높기 때문입니다. 내신을 따기 어렵다는 말은 노는 학생들이 없다는 말이기도 합니다.

학교 현장에서는 학업을 포기한 학생들을 성적을 깔아주는 학생이라고 표현하는데, 여고에는 이런 학생들이 많지 않습니다. 달리 말해 좋은 내신 성적을 획득하기는 힘들지만, 학습 분위기가 잘 조성되어 있고 교실 환경이 학업에 초점이 맞춰져 있습니다.

성적 때문에 치열하게 경쟁해야 해서 학생들이 일단 기피하는 경향이 있지만, 학교 분위기가 좋고 안정적인 학습을 할 수 있는 환경이어서 학부모 입장에서는 선호하는 편입니다.

03 나이스 학부모서비스 활용 방법

우리 아이의 성장 과정을 한눈에,
'나이스 학부모서비스'

학부모님들은 자녀들이 학교에서 어떤 모습으로 생활하는지, 공부는 열심히 하는지, 친구들과 잘 지내는지 궁금한 점이 한두 가지가 아닙니다. 성적이라고 했을 때 학기 말에 집에 가져오는 통지표 한 장만 떠오르는 분이라면, 교육부에서 제공하는 학부모서비스에 하루 빨리 가입하시길 추천합니다. 학부모서비스에서는 성적표는 물론, 모든 지필고사의 정답과 오답표까지 학생별로 제공합니다. 예전처럼 부모님 몰래 성적표를 다양한 방법으로 조작하려는 시도는 애초에 할 수 없게 되었습니다. 포털사이트에서 '나이스(NEIS) 학부모서비스'를 검색하고 나이스 대국민서비스를 선택하면 학부모서비스를 이용하실 수 있습니다. (NEIS는 교육행정 전반의 효율성을 높이고 교원의 업무환경을 개선하기 위해 도입된 교육행정 정보 체계(National Education Information System)입니다.)

부모님이 학교에 가서 학생들의 학교생활을 직접 관찰할 수는 없지만 여기서는 다양한 학교 정보를 접할 수 있습니다. 자녀의 성적뿐만 아니라 출결, 학교생활기록부, 학생 건강 상황 등 학생의 학교생활을 인터넷으로 바로 확인할 수 있습니다. 담임선생님과 의견을 서로 교환할 수 있는 서비스도 제공합니다.

나이스 대국민서비스 메인 화면에서 학부모서비스를 선택하고 로그인하면 됩니다. 처음 나이스 학부모서비스를 이용하려면 회원 가입을 해야 하는데, 공인인증서를 등록해 가입하거나 나이스 학부모서비스 전용 인증서를 별도로 발급받아 가입할 수 있습니다.

가입 후 자녀를 등록하고 신청하면 해당 학교에서 2~3일 안에 승인을 해 줍니다. 며칠이 지나도 승인되지 않는다면 학교에 전화해서 문의해야 합니다. 보통 담임선생님이 승인을 해 주는데, 학부모 승인 신청을 매일 확인하지 않기 때문에 시일이 걸릴 수도 있습니다. 간혹 실제 학부모가 아닌 타인이 신청해서 다른 학생의 정보를 열람하려는 시도가 있을 수 있어서 학부모 인적사항과 대조하거나 신원을 확인하는 절차를 거치기도 합니다. 학부모 서비스는 한 번 신청해서 승인이 되면 매번 신청할 필요 없이 다음 번부터는 로그인해서 바로 이용할 수 있습니다.

나이스 학부모서비스에서 확인할 수 있는 정보

나이스 학부모서비스에서는 매주 학교 시간표를 확인하여 자녀가 오늘은 어떤 선생님과 무슨 과목을 배우는지 알 수 있습니다. 식단표를 보고 오늘 무슨 반찬에 점심을 먹었는지도 알 수 있습니다. 가정통신문도 한 번에 검색할 수 있습니다. 건강기록부 항목에서는 감염병 예방 접종 리스트도 확인할 수 있습니다. 건강검사 실시 현황은 초등학교부터 연계되므로 학생의 키와 몸무게의 추이를 보고 학생이 얼마만큼 성장해 왔는지 확인할 수도 있습니다. 학교생활기록부에 등재되어 있는 학교 입학 초 앳된 사진을 보며 추억에 잠길 수도 있습니다.

학부모 입장에서 가장 궁금하고 알고 싶은 내용은 우리 아이의 성적이나 학교에서 주변 사람들에게 보이는 모습일 것입니다. "올해 지각한 적은 없니?", "봉사 시간은 지금까지 얼마나 했니?", "지금까지 교내 상을 몇 개나 탔지?" 등을 물어볼 때 아이의 짜증 섞인 반응에 속이 상할 때도 있을 텐데요. 이제는 이런 질문을 아이에게 일일이 할 필요가 없습니다. 바로 학생정보, 학생생활, 학생건강, 학생상담 탭 등에서 확인할 수 있습니다.

집에서 확인하는 학생정보

학생정보 탭에서 성적표 메뉴를 선택하면 학생의 성적을 한눈에 살펴볼 수 있습니다. 보고 싶은 학년과 학기를 선택하면 성적을 조회할 수 있습니다. 학기 말 성적은 1차 지필고사, 2차 지필고사, 수행평가로 구성되는데, 항목별로 학생이 받은 점수와 합산 점수, 성취도까지 알 수 있습니다. 평가 항목별로 구분되어 있어서 학생이 지필고사와 수행평가에서 각각 획득한 점수를 따로 확인할 수 있습니다. 고사별 정·오답표 메뉴에서는 학생이 어떤 문제를 맞히고 어떤 문제를 틀렸는지 확인할 수 있어서 시험 이후 본인이 오답노트를 만들거나 복습을 할 때 도움이 됩니다.

집에서 확인하는 학교생활기록부(학생생활)

학부모서비스에서 가장 핵심은 바로 '학교생활기록부' 메뉴입니다. 예전 같으면 학생의 학교생활기록부를 보려면 학교에 직접 발급 요청을 해야 했습니다. 이제는 집에서 학부모서비스를 통해서 언제든지 간편하게 열람할 수 있습니다. 인적사항 및 학적사항, 출결상황, 수상 경력, 창의적체험활동상황, 교과학습 발달상황, 그리고 행동특성 및 종합의견까지 모든 학교생활기록부 내용을 볼 수 있습니다.

출결상황 항목에서는 학생의 수업 일수에서 결석 일수, 지각 횟수는 물론 결석 사유까지 검색할 수 있습니다. 수상 경력 항목에서는 학기별로 지금까지 수상한 교내상의 목록을 확인할 수 있습니다. 창의적체험활동상황 항목에서는 자율활동, 동아리활동, 진로활동 내용을 파악할 수 있습니다. 봉사활동 실적도 확인할 수 있는데, 학년별로 누계 시간이 자동으로 계산되어 나옵니다.

교과학습발달상황에서는 학생의 교과별 성적을 확인할 수 있습니다. 학기별로 교과목에 따라 단위 수, 원점수와 과목 평균, 성취도와 석차 등급을 바로 볼 수 있습니다. 아울러 각 교과 담당 선생님들이 써 주신 세부능력 및 특기사항도 함께 볼 수 있습니다. 학기별로 교과 선생님들이 수업 시간에 관찰한 학생의 기록을 읽다 보면 학교에서의 우리 아이 모습이 머릿속에 그려집니다.

가장 중요한 마지막 항목인 행동특성 및 종합의견에서는 가장 가까이에서 학생을 관찰한 담임선생님의 견해를 파악할 수 있습니다. 500자까지 작성할 수 있는 행동특성 및 종합의견 항목에 있는 담임선생님의 기록을 읽으면서 우리 아이가 학급에서 어떤 역할을 하고 있는지 충분히 알 수 있습니다.

이렇듯 학부모서비스를 이용하면 학교에서 선생님들이 기록한 객관적인 수치 자료와 주관적인 평가들을 통해서 학생의 장단점을 파악하여 학생을 더욱 잘 이해할 수 있습니다. 학부모서비스를 현명하게 활용한다면, 학생의 진로 방향에 도움이 되는 정보를 제공하는 좋은 도구가 될 것입니다.

일반 고등학교 입학 준비

1. 일반고 선택 전에 아이의 성향을 먼저 분석한다.

2. 진학하려는 일반고는 집과 가까울수록 좋다.

3. 일반고를 선택할 때 학교 분위기, 학생 수, 학교교육과정, 입학 실적 등도 꼼꼼히 따져 본다.

4. 아이의 성향이 교사의 이동이 잦은 공립고등학교와 가족적인 분위기의 사립고등학교 중 어느 쪽에 적합한지 파악한다.

5. 아이의 이성 관심도와 내신 성적 유불리를 고려하여 남학교와 여학교를 선택한다.

6. 학교알리미, 학교 홈페이지 등에서 고등학교 정보를 최대한 많이 수집한다.

7. 나이스 학부모서비스에 가입하여 아이의 변화되는 모습을 수시로 확인한다.

Chapter 2

현직 교사가
추천하는
중3 공부법

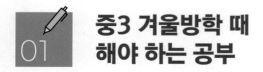

중3 겨울방학 때 해야 하는 공부

01

　어떤 고등학교가 본인에게 유리하고 대학 진학에 필요한 최선의 환경을 제공할 수 있을 것인지 고민하고 선택을 마무리했다면, 이제 중학교 3학년 학생들(예비 고등학교 1학년생들)은 고등학교 입학 전까지 많은 부분을 대비해야 합니다. 교육 기회가 양극화되는 사회적 환경과 학습 격차가 심화되는 상황에서 공부 습관이 확립된 학생이든 그렇지 않은 학생이든 고등학교 입학 전까지 해야 할 일이 많습니다. 공부의 양도 많이 차이 나고 내신 점수를 받는 방법도 바뀌는 고등학교에서 가장 중요한 1학년 1학기 내신 시험을 잘 치르기 위해, 중학교 마지막 겨울방학은 그 어느 방학보다도 중요하며, 그 시기를 어떻게 보냈느냐가 고교 생활 3년을 좌우할 수 있습니다.

　우리 학생들이 중학교 마지막 겨울방학 때 해야 할 가장 중요한 일은 공부 방법 및 학습 습관의 완벽한 '전환'입니다. 벼락치기나 암기처럼 중학교에서 통했던 방법은 과감히 버려야 합니다. 고등학교에서 입시 상담을 하다 보면 학부모님께 이런 말씀을 자주 듣습니다.

"저희 애는 중학교 때까지 전교 몇 등이었어요."

"중학교 때까지 전 과목 A등급을 받았어요."

사실 중학교 때는 조금만 노력하면 일정 수준의 점수를 획득할 수 있습니다. 하지만 고등학교에 올라와서도 중학교 때 습관을 고수한다면 다른 학생과의 격차는 더욱 벌어지며 뒤늦게 후회하게 됩니다. 이런 일을 미연에 방지하도록 아이가 중3 겨울방학 때 자신의 학습 방법을 완전히 전환할 수 있게 부모님께서 지도해 주시면 좋습니다.

고등학교 대비
국어 공부법

국어는 대학 합격을 결정짓는 중요한 과목입니다. 수능 시험에서 영어 과목이 절대평가로 전환된 만큼 국어와 수학은 너무도 중요합니다. 특히 국어의 경우, 그 위상이 더 높아진 것이 사실입니다. 수능 시험은 물론 내신 시험에서 지필고사 난도가 높아지는 추세인 만큼 철저히 준비해야 합니다. 중학교에서는 100편 정도의 문학작품을 공부하면 무리 없이 내신 시험에 임할 수 있었지만, 고등학교에서 수능 시험을 준비하는 학생이라면 약 1,000편 이상의 작품을 공부해야 합니다. 읽어야 할 작품 양이 약 10배 정도 차이가 나고 학습량이 증가하기 때문에 고등학교 입학 전 중3 마지막 겨울방학 때 철저히 계획을 세워서 공부하고 학습 방법의 완벽한 전환을 꾀해야 합니다.

문법이 기본이다

국어 문법은 예비 고등학교 1학년 학생들이 가장 어려워하는 분야입니다. 고등 국어 문법의 특성은 중학교 때보다 내용이 깊어지고 체계화된다는 점입니다. 국어 문법의 개념을 완벽히 정리하고 있어야 원칙을 적용해서 난도 있는 문제를 풀 수 있으므로 주요 문법 개념을 치밀하고 철저하게 학습해 놓아야 합니다. 이와 더불어 한글 맞춤법 문제에 빈출되는 어휘들을 지속적으로 학습해 이해하고, 내신 시험을 준비할 때는 문법 문제를 많이 접해서 문제 해결 능력을 올려야 좋은 결과를 얻을 수 있습니다. 국어 문법 개념을 확립하기 위한 교재로《개념있는 국어문법》이나《문제로 국어문법》을 추천합니다. 문법 문제를 많이 풀어 보고 싶은 학생들에게는《다담 언어와 매체 800제》가 효과적입니다.

비문학, 많은 독서로 대비하라

고등학교 내신 지필고사와 수능 시험에서는 교과 내용 밖 전문적인 소재를 다루는 지문이 많이 나옵니다. 출제자들의 말을 들어 보면 배경지식이 없는 과학이나 경제 지문이라 할지라도 비문학 지문을 읽고 이해하면 해결할 수 있는 문제를 출제한다고는 합니다. 그러나 배경지식이 없는 지문을 읽으려면 거부감이 들고 겁이 나게 마련입니다. 평상시 다양한 분야의 지문을 읽으면서 어떤 지문이 출제되더라도 침착하게 문제에 접근할 수 있도록 체계적인 배경지식을 쌓는 데 힘써야 합니다. 따라서 독서를 많이 하는 것이 반드시 필요하고, 더 나아가 독서 노트나 독서감상문을 작성하여 스스로 내용을 정리하는 습관을 길러야 합니다.

잘 이해되지 않는 지문이라면 반복해서 읽고 주변 선생님들에게 문의하거나 인터넷 검색을 해서라도 그 부분은 해결해야 합니다. 또 자신의 약점 분야가 무엇인지 인지하여 그 부분을 채울 수 있어야 합니다. 경제나 과학에 약하다면 예전 수능 시험에 출제된 경제 지문 중의 '수요탄력성'이나, 과학 지문 중의 '유전자 전사 조절' 같은 소재를 문제 지문으로 접할 때마다 그때그때 이해하고 본인의 생각으로 정리하는 태도가 필요합니다.

다양한 비문학 지문들을 파악하는 데는《자이스토리 수능 국어 독서 기본》이나《매3비-매일 지문 3개씩 푸는 비문학 독서 수능 기출》같은 교재를 보면 좋습니다.

문학, 수능 시험 빈출 작품의 경향을 파악하라

문학 중에서도 고등학교 1학년 학생들이 가장 힘들어하는 부분은 바로 고전문학입니다. 국어 과목의 특성을 잘 모르는 사람들은 우리나라 사람이 국어를 못하면 어떡하냐고 핀잔을 주기도 합니다. 하지만 따로 밀도 있게 학습하지 않고서는 고전문학에 쓰인 언어를 능수능란하게 해석하고 이해하기란 불가능합니다. 현대인들이 쓰는 언어가 아닌 낯선 어휘와 문법이 가득 차 있어서 지문 한 줄 읽는 것도 버겁습니다. 고시조나 고려가요를 포함하여 수많은 고전문학 작품을 접해야 하는데, 내신 시험에서는 화자의 정서나 태도를 물어보기도 하고, 작품에서 시어의 의미를 비교하거나 현대문학 작품과 연계되어 출제되기도 합니다.

현대문학의 경우, 내신 시험이나 수능 시험에 출제되는 문학 작품 수가 상당히 많기 때문에 수능 시험 빈출 작품들의 경향을 분석하고 작품을 이해하는 학습을 꾸준히 해야 합니다. 작품별로 학습할 수도 있지만, 작가를 중심으로 작가의 경향이나 다양한 작품을 연계해 학습하면 좋은 결과를 얻을 수 있습니다. 고시조의 경우 내용이 짧으니까 단기간에 다양한 고시조를 접할 수 있는 고시조 모음집을 잘 활용하면 효율적으로 학습할 수 있습니다.

예비 고등학생에게 도움이 되는 책으로《EBS 윤혜정의 나비효과 입문편》을 추천합니다. 고전시가를 공부하려는 학생은《EBS 국어 독해의 원리 고전시가》를 보면 좋습니다.

03 고등학교 대비 영어 공부법

　요즘 아이들은 영어를 빨리 시작하고 모국어인 한국어보다도 영어를 더 열심히 공부합니다. 사교육 시장에서 가장 돈을 많이 쓰고 배우는 분야도 영어입니다. 영어 과외나 영어 학원 한 번 안 다니고 고등학교에 진학하는 학생은 거의 없을 정도입니다. 글로벌 시대다 보니 유학이나 부모님의 해외 근무 등으로 외국 체류 경험이 있는 학생들도 학교에서 많이 봅니다. 확실히 어릴 때부터 영어를 접한 학생들은 발음도 좋고 외국인을 만났을 때 거부감 없이 자연스럽게 영어로 대화합니다. 하지만 외국에서 오래 생활해서 막힘없이 영어로 술술 말할 수 있는 학생이라도 따로 영어를 밀도 있게 학습하지 않으면 고등학교 영어 영역에서 좋은 성적을 거둘 수 없습니다. 일상적인 대화를 잘할 수 있는 능력과 대학에서 필요한 수준의 언어 능력은 다르다는 뜻입니다.

영어는 수능 시험에서 절대평가로 실시되어서 상대적으로 중요도는 높지 않습니다. 그러나 고등학교 내신 시험에서는 까다로운 어법 문제, 정확성이 요구되는 영작 문제 등 오랫동안 깊이 학습해야 접근할 수 있는 문제가 많이 출제되므로 고등학교 입학 전에 이를 충분히 대비해야 합니다.

어휘가 기본이다

학교 현장에 있다 보면 학생들이 "어떻게 해야 영어 실력을 높일 수 있을까요?"라고 질문을 많이 합니다. 그런 아이들에게 간단히 독해 테스트를 해 보면 대부분 영어 어휘가 부족한 경우가 많습니다. 국어 과목과 달리 영어는 외국어여서 의식적으로 어휘를 암기하지 않으면 독해 지문을 이해하기 어렵습니다. 고등학교에 진학해서 부족한 영어 어휘력 때문에 고생하고 후회하는 학생들이 의외로 많습니다. 고등학교 입학 전에 미리 수능 어휘의 80% 정도는 완성하고 진학해야 합니다. 참고로 수능 시험에서는 약 2,500개에서 3,000개의 어휘력이 필요합니다. 사실 영어는 위계가 없고 특정 시험 범위가 없는 과목이므로 고등학교 1학년 때 거의 모든 영어 실력이 결정된다고 볼 수 있습니다.

영어 내신 지필고사와 수능 영어 시험에서 어휘 자체를 묻는 문제는 많이 나오지 않지만, 어휘를 모른 채 풀 수 있는 영어 문제는 많지 않습니다. 구구단 문제가 수학 문제에 나오지 않지만 구구단을 모르고서는 수학 문제를 풀지 못하는 이치와 같습니다. 가장 좋은 어휘 공부 방법은 많은 지문을 읽으면서 문장 안에서의 의미와 쓰임새를 함께 공부하는 것입니다. 영어 어휘의 뜻은 문장에서 문맥에 따라 달라지므로 실제 영어 문장으로 어휘를 학습하다 보면 독해 실력과 더불어 어휘 실력도 함께 늘어납니다. 하지만 영어 지문 독해와 함께하는 어휘 공부법의 단점은 어휘 실력이 늘어나는 것을 잘 실감할 수 없고 속도도 느리기 때문에 학생들이 쉽게 지쳐서 중도 포기할 가능성이 높다는 점입니다.

어휘는 반복이 핵심이다

많은 학생들이 선택하는 어휘 공부법은 어휘책을 하나 정해서 학습 진도를 정하고 집중적으로 암기 학습을 하는 것입니다.《능률보카 어원편》,《Word Master 워드마스터 수능 2000》,《워드마스터 Word Master 고등베이직 Basic》,《해커스 보카 수능 필수 2000+》,《강성태 영단어 어원편》,《경선식 수능 영단어》같은 어휘 도서를 학생들이 많이 이용합니다. 어느 책이 좋다는 말에 현혹되지 말고 자신의 취향에 맞는 책을 선정해 반복 학습해야 합니다. 고등학교 입학 전 겨울방학에 집중적으로 학습한다면 분명 다른 학생들보다 한걸음 앞서 있을 것입니다.

어휘 공부는 시간 배분이 중요하고 '조금씩 자주'의 개념이 핵심입니다. 유화를 그린다고 생각해 보세요. 화가는 유성 물감을 한 번에 다 칠하지 않습니다. 캔버스에 계속 수십 번씩 덧칠하면서 유화를 완성합니다. 어휘 학습도 마찬가지입니다. '에빙하우스의 망각곡선'에서 볼 수 있듯이, 인간은 시간이 지나면서 많은 기억들을 잃어버립니다(에빙하우스의 망각곡선은 독일의 심리학자 헤르만 에빙하우스의 이론으로, 학습하고 난 직후부터 망각이 빠르게 진행되어 1시간이 지나면 대부분의 경우 학습한 정보의 50%를 망각하고, 하루 뒤에는 70%, 한 달 후에는 80% 이상을 잊게 된다는 자신의 이론을 그래프로 나타낸 것). 즉, 이 말은 오늘 어휘를 10시간 동안 집중적으로 하고 일주일 내내 공부하지 않는 방법보다 하루에 1시간 정도씩 쪼개서 매일 학습하는 방법이 효율적이라는 것입니다. 한 번 어휘를 학습한 후에는 기억이 잘 나지 않고 암기가 잘 안 되는 어휘만 체크했다가 며칠 후에 유화를 그리듯이 계속 반복한다면 머릿속에 잘 저장될 것입니다.

고등 영어 문법을 정복하라

사실 수능 영어 시험에서 문법 문제는 1문제만 나옵니다. 예전 상대평가 시절에 수능 영어 시험에서 문법 문제는 1문제를 맞히냐 틀리냐에 따라서 1등급과 2등급이 갈릴 수 있는 킬러 문항이었습니다. 지금은 수능 영어 과목이 절대평가여서 막말로 문법 문제를 포기해도 90점만 넘으면 1등급을 받을 수 있습니다.

그렇지만 내신 영어 시험으로 눈을 돌리면 상황은 달라집니다. '신 중에서 최고는 내신'이라고 할 정도로 내신이 중요한 데다 고등학교 내신 시험은 상대평가입니다. 수능 영어 시험, 토익, 토플, 텝스 등의 기관에서 주최하는 공식 영어 시험과 달리, 학교 내신 영어 시험은 시험 범위가 있고 주어진 지문이 있기 때문에 난도가 올라갈 수밖에 없습니다. 시험 문제를 쉽게 내면 절대적인 점수는 좋지만, 상대평가라서 100점을 맞은 학생들이 많거나 동점자가 많아지면 좋은 등급을 못 받을 확률이 높습니다. 그래서 영어 교사는 내신 지필평가에서 킬러 문항을 2~3개 이상 내야 합니다. 킬러 문항으로 가장 많이 활용하는 문제 유형이 문법이나 문법 논술형 문제입니다. 내용 파악 및 요약 문제는 학생들이 이미 복습을 많이 하고 지문을 분석하는 시험 공부를 많이 해서 변별력이 없기 때문입니다. 따라서 문법 문제에서 1, 2등급이 갈리는 경우가 많습니다.

예비 고등학교 1학년 학생들이 고등학교 입학 전에 문법을 완전히 정복한다면 고등학교 영어 시험에서 좋은 결과를 받을 수 있습니다. 요즘 문법책들은 내용이나 수준이 거의 비슷하기 때문에 어느 한 권이든 확실하게 정독하고 최소 2회 이상 복습하여 문법을 완전히 자기 것으로 하는 것이 중요합니다. 많은 문법책 중에서 《천일문 기본 베이직 1001 SENTENCES Basic》이 예비 고등학교 1학년 학생들이 많이 공부하는 책입니다. 이외에도《강성태 영문법 필수편》,《어법끝》,《쎄듀 첫단추 모의고사 문법·어법편》,《고교영문법 3300제》등을 추천합니다.

독해의 속도와 양을 늘려라

중학교에서는 교과서 시험 범위가 2~3과 정도이고, 기본 본문을 달달 암기하고 시험을 치르면 시험에서 고득점을 얻는 경우가 많습니다. 하지만 고등학교 영어 시험은 기본 교과서 범위 외에 학교마다 부교재를 선정하는 경우도 많고, 모의고사를 치르면 모의고사 지문이 범위에 추가되기도 합니다. 몇몇 학교에서는 변별력을 확보하기 위해 외부 지문을 활용하기도 합니다. 한마디로 중학교 시절과 달리 영어 독해 지문의 양이 늘어나고 내용의 깊이가 대폭 깊어집니다.

그렇다면 이 독해 실력은 어떻게 늘려야 할까요? 먼저 이야기하고 싶은 점은 수학과 달리 영어는 고등학교를 졸업하면 끝이 아니라는 것입니다. 대학에 진학해서 원서로 공부하는 경우도 많고, 토익, 토플, 텝스 등 사회에서 필요로 하는 공인 영어 시험을 봐야 할 수도 있습니다. 단순히 내신 영어만 공부한다는 생각을 버리고 평소 영어 실력을 쌓기 위해 꾸준히 영어책을 읽어야 합니다. 독해책으로는 예비 고등학교 1학년 학생의 경우《자이스토

리 고등 영어 독해 기본》,《EBS 수능특강 Light 영어》,《리딩튜터
Reading tutor 기본》,《EBS 고교특강 올림포스 독해의 기본》 등
을 추천합니다.

물은 섭씨 100도에서 단 1도만 부족해도 끓지 않습니다. 특히
영어를 학습할 때는 끝이 보이지 않는 긴 터널을 걸어가는 것처
럼 초조하고 답답한 마음이 들어 학생들이 힘들어합니다. 하지만
꾸준함을 이기는 것은 없지요. 일반적으로 영어 학습에서는 '임계
량'이라는 표현을 자주 씁니다. 임계량이란 목표한 결과를 얻기
위해 필요한 충분한 힘 또는 그 양을 의미하는 용어입니다. 사실
모국어가 아닌 외국어를 습득하기 위해서는 해당 외국어 학습 시
간이 4,000시간은 되어야 한다는 주장도 있습니다. 4,000시간은
아니더라도 영어책으로 꾸준히 독서를 한다면 임계량이 쌓이
고 어느 순간 1도 차이로 물이 끓듯이 영어 독해가 술술 되는 시
기가 갑자기 찾아옵니다.

반복 학습으로 듣기 실력을 갖춰라

영어는 본래 듣기, 말하기, 읽기, 쓰기인 4가지 영역을 다 잘해
야 하지만, 현재 우리나라에서 대학에 가기 위해서는 읽기 능력
이 가장 중요하고 그 다음이 듣기입니다. 듣기는 고등학교에서
1년에 두 번 전국 단위 EBS 듣기평가를 실시합니다. 듣기평가

를 자체적으로 시행하는 학교는 거의 없으며, 많은 학교에서 EBS 듣기평가를 수행평가에 활용하고 있습니다. 물론 시험은 실시하지만 수행평가로 성적을 반영하지 않는 학교도 있습니다.

영어 듣기 능력은 사실 고등학교 내신 성적에서 큰 비중을 차지하지 않지만, EBS 듣기평가가 내신 영어 성적에 반영되는 경우도 있고 수능 영어에서는 큰 비중을 차지하기 때문에 기본적으로 영어 듣기 능력은 상당히 중요합니다.

수능 영어 시험에서 영어 듣기 문제는 난도가 높지 않고 패턴이 일정하게 정해져 있어서 반복적인 연습을 통해 실력을 향상시킬 수 있습니다. 모의고사 30회분 정도만 꾸준히 학습하고 듣기 감을 놓치지 않게 주기적으로 듣기 모의고사를 풀어 보면 소기의 성과를 올릴 수 있습니다. 학생들은 《마더텅 100% 실전대비 MP3 고교영어듣기 24회 모의고사》교재 시리즈로 많이 학습합니다.

04 고등학교 대비 수학 공부법

중학교 3학년 겨울방학 동안 학생들이 가장 많이 하는 공부는 단연코 수학입니다. 다른 과목과 달리 진도가 확실히 정해져 있어서 목표를 잡기도 편합니다. 한편 학생들이 가장 어려워하고 스트레스를 받으며, 좌절감을 느끼고 중간에 많이 포기하는 과목도 바로 수학입니다. 이렇게 힘들지만 수학 과목을 손에서 놓을 수 없는 이유는 고등학교 내신 시험과 수능 시험에서 가장 변별력이 높은 과목이 바로 수학이기 때문입니다.

고등학교 1학년 때 배우는 수준만 보면 중학교 수학과 연관된 부분이 많다고 느껴져 중학교 심화 과정으로 생각할 수도 있습니다. 하지만 2학년에 들어서면 로그, 수열, 극한, 미분, 적분 등 새로운 용어와 함께 새로운 개념의 수학이 시작됩니다.

대부분의 중학교 수학 평균 점수는 70점대가 넘습니다. 중학교 수학이 아무리 어려워도 60점대 이하인 경우는 거의 없습니다. 하지만 고등학교 내신 수학 성적 평균은 40~50점대가 많으며 그 이하인 경우도 꽤 있습니다. 난도가 높아지면서 중학교 때까지 수학을 곧잘 하던 학생들도 고등학교 1학년 때까지는 어느 정도 버티지만 고등학교 2학년 때부터 급격하게 수학 성적이 하락하는 일이 많습니다.

선행의 깊이와 범위를 정한다

고등학교 수학 과목 체계상 고등학교 1학년 때는 공통수학을 배우고, 2학년 때는 대수, 미적분 I, 그리고 3학년 때는 확률과 통계를 배우고 (수능에서는 빠지지만) 미적분 II나 기하를 선택과목으로 정하는 경우가 많습니다. 물론 이는 교과 편성에 따라 학교마다 조금씩 다릅니다. 많은 학생과 학부모님들은 고등학교 입학 전에 대수, 미적분 I까지 선행을 해야 할지, 공통수학 정도만 해야 할지 고민이 많습니다.

결론은 막연한 불안감 때문에 남들이 하니 나도 해야 한다는 마음으로 목표를 너무 크게 잡으면 안 된다는 점입니다. 선행학습을 고민하기 전에 지금 학생 본인의 중학교 성적을 돌아보고, 고등학교 1학년 3월 기출 모의고사를 몇 세트 풀어 보면서 냉철하게 자신의 위치를 체크해야 합니다. 중학교 때 계속 A에 해당

하는 90점 이상의 성적을 받았고 모의고사 점수가 80점 이상이라면, 겨울방학 동안 고등학교 1학년 과정의 개념을 충실히 공부하면서 고등학교 1학년 모의고사 기출문제 오답노트를 정리해야 합니다. 수학 과목에서 C 이하의 성적을 받던 학생이라면, 중학교 과정 개념을 기초부터 확실하게 다시 학습하는 전략을 짜야 합니다. 수학만큼 위계가 확실한 과목은 없습니다. 모래 위에 커다란 성을 쌓을 수 없듯이 기초부터 튼튼하게 마무리하고 다음 단계로 나아가야 합니다.

자신의 수준을 파악하고 수학 선행학습을 하기로 결심했다면 선행학습의 범위와 더불어 깊이에 대해서도 생각해야 합니다. 앞서 말했듯이 공통수학 과목은 일반적인 고등학교 1년치 진도입니다. 사교육이 심한 일부 지역에서는 대수, 미적분 I을 넘어서 미적분 II나 기하까지 선행학습을 해야 한다는 말도 있습니다.

그렇다면 고등학교 1학년 분량을 깊게 학습하는 방법과 고3 전체 과정의 수학 진도를 개념 위주로 나가면서 모두 학습하는 방법 중 어느 것이 더 효과적일까요? 이 문제는 수학 교사들 사이에서도 의견이 갈립니다. 선행학습이 되어 있어야 수업 내용을 빨리 이해하기 때문에 후자가 맞다고 말하는 교사도 있고, 과도한 선행학습은 학교 수업에 흥미를 잃게 하고 학습 의욕을 떨어뜨리기에 전자가 맞는 방향이라고 생각하는 교사도 있습니다. 분명한 점은 선행학습을 제대로 많이 한 학생은 상대적으로 여유가 있습니다. 수행평가, 프로젝트, 동아리활동, 봉사활동 등을 챙기고 준비해야 할 게 쉴 틈 없이 몰려오는 고등학교 생활에서 다른 학생보다 비교 우위에 설 수 있습니다. 하지만 이건 제대로 깊이 했다는 전제가 충족되었을 때 이야기지, 기초가 부족한 학생들이라면 중학교 수학을 다지고, 고등학교 수학 1학년 과정을 확실히 하는 게 더 필요합니다.

시중에 나와 있는 개념서 중에서는 《신 수학의 바이블 수학(상/하)》, 《개념쎈 고등 수학(상/하)》, 《개념원리 고등 수학(상/하)》 등을 추천합니다. 많은 문제를 풀 수 있는 문제집으로는 《신사고 쎈 고등 수학(상/하)》 또는 《개념원리 RPM 고등 수학(상/하)》를 많이 선택합니다.

학교 수업이 가장 기본이다

고등학교 수학은 혼자 독학하며 진도를 나가기가 힘듭니다. 그래서 많은 학생들이 학원 수강이나 인터넷 강의 같은 사교육에 의존하며 선행학습을 진행합니다. 이런 학생들의 수업 시간 모습은 어떨까요? 실제로 선행학습을 많이 한 학생들은 학교 수업에 흥미를 놓치거나 집중력을 유지하기 힘들어하기도 합니다. 일선 고등학교에서는 선행학습을 많이 한 학생들과 정해진 교육과정 내에서만 수학 진도를 나가고 그 범위 내에서 내신 시험 문제를 출제해야 하는 교사들 사이에서 괴리가 발생하지요. 게다가 내신 성적을 버리고 오로지 수능 시험에 전력해야겠다고 마음먹은 학생들은 더더욱 학교 수업을 등한시합니다.

하지만 자신이 아는 단원이라도 다시 한 번 복습하고 근본적인 개념 정리를 하면서 실력을 다질 수 있는 기회가 바로 학교 수업 시간입니다. 문제집을 많이 풀고 학원 과제를 많이 하는 학생들 입장에서 학교 수업은 필요없다고 생각할 수도 있지만, 고등학교 수학 수업에서 교과서를 활용한 기본 개념을 학습하는 것은 무엇보다도 중요합니다. 수학의 기초는 무조건 교과서이며, 교과서의 개념 정리를 반복해서 학습하는 게 학생들에게 큰 도움이 된다는 사실을 잊지 않으면 좋겠습니다.

실제 현장에서 학교 내신 시험 점수는 안 높은데 수능 모의고사 시험에서 수학 과목만 잘 보는 학생을 찾기는 어렵습니다. 학교 내신 시험 공부와 수능 시험 공부를 따로 분리해서 생각하는 학생은 두 영역 모두에서 실패할 가능성이 높습니다. 내신 시험의 경우 수능 시험과 달리 변별력 확보를 위해 난도 높은 문제를 내는 경우가 많아서 논술형 문제에 대한 대비가 중요합니다. 채점 기준이 까다로운 경우에는 배점이 큰 수학 논술형 문제에서 감점 당할 확률도 높기 때문에 평소 깔끔하게 노트를 정리해서 논술형 문제에 대비해야 합니다.

고등학교 대비 과학 공부법

과학 과목은 상대적으로 중학교 3학년 겨울방학 때 소홀히 하기 쉬운 과목입니다. 하지만 공통시험 과목이기도 하고, 학생 본인이 이과계열로 가고자 한다면 결코 대충 공부할 수 없는 분야이기도 합니다. 아무런 준비 없이 고등학교에 들어온다면, 국어, 영어, 수학 과목과 더불어 학교 내신 시험을 준비하는 일정에 돌입했을 때 과학 공부에 투자할 시간적 여유를 갖기 어렵습니다.

과학의 원리와 법칙을 이해하라

과학 과목은 크게 물리학, 화학, 생명과학, 지구과학으로 나눌 수 있습니다. 주로 고등학교 1학년 때는 공통 과정으로 통합과학을 배웁니다. 교육과정상 단위수도 높고 내신에서 비중도 큽니다. 3학년 때 선택하는 진로 선택과목에 비해 상대적으로 단위수도 크기에 상대평가를 통해 등급이 산정되는 고등학교 1학년 통합과학이 가장 중요합니다. 학생들은 《완자 고등 통합과학》이나 《EBS 개념완성 과학 탐구영역 통합과학》 같은 교재로 많이 학습합니다.

고등학교 2학년 때는 주로 일반 선택과목(물리학, 화학, 생명과학, 지구과학) 중에 선택해서 수강하는데, 이공계열을 희망하는 학생들은 주로 물리학과 화학을 선택합니다. 고등학교 3학년 때는 진로 선택과목으로 학생 본인이 목표하는 전공에 따라 역학과 에너지, 화학 반응의 세계 등을 선택합니다.

과학 영역에서는 물리학, 화학, 통합과학을 미리 공부하고 진학한다면, 고등학교 과학 수업에서 어려움을 겪지 않을 수 있습니다. 통합과학에서는 단기간에 학습할 수 있는 암기 관련 내용은 깊이 공부할 필요가 없고, 물리학이나 화학과 연관되는 내용을 원리와 법칙 중심으로 학습하면 좋습니다. 물리학 공식을 외우거나 화학 법칙을 암기하고 문제를 기계적으로 해결하는 습관을 들여서는 안 됩니다. 과학의 원리와 법칙을 충분히 이해해야 하며 주어진 자료에 대한 해석 능력을 키워야 고등학교 입학 전에 학습하는 것의 의의를 찾을 수 있습니다.

물리학: 용어를 익히고 공식과 법칙을 체득하라

물리학은 어려운 용어들과 수많은 법칙들이 교재에 계속 나오기 때문에 학생들이 가장 어려움을 겪고 기피하려는 과목입니다. 또 공부 잘하는 학생들만 선택한다는 생각에 섣불리 도전하지 못하여, 물리학 과목을 선택하는 학생들이 많지 않습니다. 실제 학교 현장에서도 이과계열 학생의 경우 선택과목 중심으로 반 편성을 하는 경우가 많은데, 물리학 과목을 선택하는 학생들이 가장 적어서 학급 구성에 어려움을 겪기도 합니다. 물리학 과목을 선택한 학생들이 이과계열 내에서도 성적 상위층에 해당하는 경우가 많아서 선택하는 학생도 적고 경쟁이 치열해서 좋은 내신 등급을 받기 어렵다는 생각도 한몫을 합니다.

하지만 많은 이공계 대학에서 물리학을 지정하는 경우도 많고 실제로 대학에 진학해서 가장 많이 필요로 하는 지식이 물리학 관련 지식입니다. 그런 점에서 적극적으로 물리학 과목을 선택해 학습하는 것을 고려해 봐야 합니다. 많은 물리학 용어들에 익숙해지기 위해서는 반복 학습을 해야 하며 교재에 나오는 물리학 공식과 법칙을 체득해 나가야 합니다. 《개념이지 물리학 I》이나 《자이스토리 물리학 I》 등이 학생들이 많이 선택하는 교재입니다.

화학: 많은 문제를 풀면서 이해력을 높여라

학생들이 물리학과 화학 중 한 과목은 선택하는 편이어서 상대적으로 물리학에 비해 화학의 선택 비율이 높은 편입니다. 물리학 과목이 공식과 법칙이라면, 화학은 결합의 학문이라고 할 수 있습니다. 화학에서는 무엇보다 원소주기율표를 빠르게 파악해야 합니다. 물질의 특성이 무엇이고 물질과 물질이 결합했을 때 나타나는 현상과 결과물을 학습해야 하므로 학습양이 어마어마하게 많습니다. 많은 문제를 접하고 풀이하면서 화학 과목에 대한 전반적인 이해력을 높여야 합니다. 기호로만 암기하려 하지 말고 실험을 한다고 생각하고 실험 장면을 떠올리면서 이해한다면 좀 더 오래 기억할 수 있습니다. 화학 교사들은《개념쏠 화학 I》이나《자이스토리 화학 I》교재를 많이 추천합니다.

생명과학: 노트를 만들어 취약 부분을 정리하라

생명과학은 다른 과학 과목과 성격이 좀 다릅니다. 공식, 법칙, 결합 등을 다루는 물리학, 화학과 달리, 인체와 생명에 대한 학문이므로 다른 영역에 비해서 암기해야 할 내용이 상당히 많습니다. 생물학 용어가 생소하거나 어려운 경우도 많기 때문에 꾸준한 반복 학습이 필요합니다. 처음 보는 영어 어휘를 한 번 공부했다고 바로 장기기억으로 저장되지 않는 것처럼 잘 암기되지 않는 내용은 따로 정리해야 합니다. 자신만의 생명과학 노트를 만들어 취약한 내용을 정리해야 하는 것입니다. 영어 단어를 이미지와 함께 공부하면 더 잘 암기할 수 있듯이, 생명과학 지식 역시 그림 등으로 정리한 후 이미지화해서 학습한다면 더 좋은 결과를 얻을 수 있습니다.

지구과학: 기초를 탄탄히 하고 비슷한 문제를 풀어라

과학 탐구 4개 영역 중에서 가장 많은 학생들이 선택하고 학습하는 것이 지구과학입니다. 학생들은 지구과학을 상대적으로 쉽다고 느낍니다. 하지만 출제자들은 많은 학생들이 평이하다고 생각해 접근하는 쉬운 과목일수록 어려운 문제를 배치해서 변별력을 높이려고 합니다. 그렇기 때문에 기초를 탄탄히 하고 비슷한 유형의 문제를 계속해서 풀어야 합니다. 그래프나 그림을 최대한 이해하고 있어야 조금씩 바뀌는 변형 문제에도 대응할 수 있습니다. 많은 문제를 풀면서 오답노트를 만들어 본인의 약점을 채우는 과정도 계속해야 합니다. 생소한 자료나 그래프 등을 그려 보면서 전체적인 안목에서 지구과학 지식을 바라보는 습관도 중요합니다.

현직 고등교사가 추천하는 중3 공부법

1. 중학교에서는 절대평가인 반면 고등학교에서는 상대평가이기 때문에 평가방식이 변한다는 사실을 기억한다.

2. 중학교 때의 벼락치기 공부법을 버린다.

3. 국어 과목에서는 비문학, 문학과 더불어 문법 영역의 개념을 정리해 둔다.

4. 영어 어휘 실력을 2000단어 이상으로 늘리고 고등 영어 문법을 한 번 훑어 정리한다.

5. 수학 과목은 자신의 수준에 따라 선행학습을 할 것인지 중학교 내용을 확실히 다질 것인지를 결정한다.

6. 과학 과목 중에서는 물리와 화학에 대한 기초 지식을 쌓아둔다.

Chapter 3

중학교와
고등학교의
차이점

01 한 학년도 버릴 수 없는 내신의 중요성

내신은 바꿀 수 없는 나의 과거

고등학교 내신 성적은 말이 필요 없을 정도로 중요합니다. 공교육을 유지하려는 국가의 의지와 사회 공감대가 사라지지 않는 이상 고등학교에서 평가한 내신 성적은 계속 대학 입학 전형에서 가장 중요한 역할을 하고 큰 비중으로 반영될 것입니다.

'내신 성적이 대입에 반영되지 않는다면 학생들이 과연 학교에서 공부를 하려고 할까?'라는 생각을 해 본 적이 있습니다. 실제로 정시만 목표로 하는 일부 학생들은 고등학교 3학년쯤 되면 수학능력시험만 집중해서 준비하느라 수업 시간에 선생님 강의를 듣지 않고 본인만의 공부를 하는 경우가 종종 있습니다. 그 학생 입장에서는 본인에게 내신 성적이 중요하지 않다고 판단하기 때문에 학교 수업을 들을 필요성이 없는 것이죠.

뒤집어보면 수업 시간을 소홀히 하고 본인만의 공부를 하겠다고 마음먹은 학생들 대부분은 1, 2학년 때 내신 성적을 잘 받지 못해 후회하는 학생들입니다. 사실 고등학교 입학 때부터 자신은 수능 시험만 준비해서 정시로 대학에 진학하겠다고 작정하는 학생들은 많지 않습니다. 1학년 1학기, 1학년 2학기를 지나 한 학년을 올라가다 보면, 본인이 원하는 학교에 갈 만한 성적이 나오지 않아서 내신 성적을 포기하는 사례가 많습니다.

10대 학생 입장에서 생애 최초로 무한경쟁을 통해 쟁취하는 성적이 고등학교 내신 성적입니다. 학생들은 초등학교 때는 말할 것도 없고 중학교 2학년 때 처음으로 점수화된 성적을 받습니다. 이마저도 절대평가여서 본인의 수준과 성적 위치를 정확히 파악하기 힘듭니다. 중학교 성적이 중요하지 않다는 것은 아니지만, 특목고 입학이나 비평준화 지역 고등학교 입시를 준비하는 학생을 제외하고 평준화 지역 일반고를 진학할 때는 추첨제로 고등학교를 배정하므로 중학교 내신 성적이 그렇게 필요하지는 않습니다. 한마디로 고등학교 내신 성적과 비교 대상이 될 수 없습니다.

고등학교 내신 성적은 우선 대학 입학에서 결정적인 역할을 합니다. 수시와 정시 거의 모든 입시 전형에서 내신 성적이 반영됩니다. 정시라고 해도 내신 성적 반영 비율이 수시에 비해 적을 뿐 아예 필요 없지는 않습니다. 세부적으로 보면, 내신 반영 비율 중에 실질 반영률을 생각해 봐야 합니다. 예를 들어 대학 입시에서 대학 성적 만점이 100점이라고 가정해 보겠습니다. 수능 시험 성적 60%와 내신 성적 40% 비율로 정시 입시 성적을 산출한다고 했을 때 40점이 내신 만점 점수가 됩니다. 여기에서 대학별 기준에 따라 32점을 기본 점수로 부여한다면 내신 1등급은 40점, 2등급은 39점, 이런 식으로 내신 9등급은 32점을 받습니다(2027학년도 대입까지 해당). 겉보기에는 내신 성적을 40% 반영하지만 1등과 꼴찌의 실제 격차는 8점 차이로 실질 반영률은 8%에 지나지 않습니다. 일반적으로 내신 성적의 실질 반영률은 수시 입시에서 큰 편입니다. 반대로 정시 입시에서는 수능 시험의 비중과 파괴력이 크고 내신 성적의 비중은 적은 편입니다.

지금까지는 이렇게 정시는 수능 성적 100%로 대학 입시를 치른다는 생각이 강했습니다만, 정시 전형에 내신 교과 성적을 평가에 반영하는 대학이 생기고 있습니다. 즉, 수능 성적과 함께 내신 성적도 뒷받침되어야 한다는 이야기입니다. 서울대와 고려대는 이미 정시 전형에 내신 성적을 반영하고 있고, 연세대까지 2026학년도 대입부터 정시에 내신을 반영하겠다고 발표했습니다.

한번 정해진 고등학교 내신 성적은 나중에 업그레이드할 수 있는 방법이 없습니다. 현장에서 있다 보면 다양한 유형의 N수생들이 졸업 후 고등학교에 다시 찾아옵니다. 본인의 고등학교 시절 학교생활기록부를 발급받고 입시 상담을 하기 위해서죠. 몇 년이 흘러도 내신 성적을 기반으로 한 학교생활기록부는 언제든지 입시에 쓰일 수 있다는 점을 꼭 명심하세요.

5개 학기 vs. 6개 학기

고등학교 학생들은 총 6학기를 보내면 졸업할 수 있습니다. 1학년 1학기부터 3학년 2학기까지 1년에 2학기씩 3년을 보내면 고등학교 졸업과 대학 지원 자격이 생깁니다. 총 6학기 성적이 대학 입시에서 반영된다는 의미입니다.

학생이나 학부모님으로부터 "어느 학년 성적이 가장 중요한가요?", "1, 2학년 때 내신 성적이 안 좋은데 3학년 올라가서 열심히 하면 성적을 만회할 수 있나요?" 같은 질문을 많이 받습니다. 싱거운 대답일 수 있겠지만 결론은 '모든 학년과 모든 학기가 중요하다'입니다. 현재 거의 모든 대학들이 학년별 반영 비율을 동일하게 정하고 있어서 모든 학년의 성적이 똑같이 중요합니다. 현재 입시 상황에서는 1, 2학년을 마치고 2/3의 성적이 완료된 3학년 진급 시점에서 1/3에 해당하는 3학년 성적만으로 전체 성적을 회복하는 데는 한계가 있습니다.

입시의 가장 큰 줄기는 수시와 정시입니다. 수시는 3학년 2학기에 입시를 치르고, 정시는 수능 시험을 보고 난 후 12월 이후에 입시를 치릅니다. 따라서 수시 입시에서는 3학년 1학기 성적까지만 반영됩니다. 내신 성적뿐만 아니라 모든 학교생활기록부 내용도 8월 말까지만 입력할 수 있습니다. 수시 입시를 준비하는 학생들은 3학년 2학기 성적을 신경 쓰지 않습니다. 또 정시 입시에서 내신 성적 반영률이 높지 않기 때문에 정시 입시를 바라보는 학생들도 3학년 2학기 성적에 관심이 없는 편입니다. 즉 이런 학생들에게 고등학교는 5개 학기로 기억됩니다.

실제 학교 현장에서도 3학년 2학기 교실 수업은 원활히 진행되지 않습니다. 수시 입시를 대비하는 학생들은 당장 면접이나 실기, 논술 등 대학별 고사를 준비하기 바쁩니다. 3학년 2학기 성적은 수시 입시에 반영되지 않는다는 생각도 수업에 잘 참여하지 않게 하는 이유입니다. 정시 입시를 준비하는 학생들은 기본적으로 내신의 중요도가 떨어지기 때문에 수행평가나 학교 과제에 신경을 쓰지 않고 내신 성적에 관심도 없습니다. 학생 탓만 할 수 없는 상황이지만, 학생들도 한 가지 알아야 할 사실이 있습니다. 목표 대학에 진학하지 못해서 재수를 하게 된다면, 수시 입시를 다시 준비할 때 3학년 2학기 성적이 반영된다는 것입니다. 재수 가능성에 대비해서 3학년 2학기 때도 열심히 하라는 이야기가 아니라, 모든 학교 활동에 최선을 다하는 자세를 가진다면 다른 도전을 할 때 후회하지 않을 수 있다는 말입니다. 오히려 3학년 2학기 때 많은 학생들이 학교 성적을 소홀히 하므로 내신 성적을 올리기에는 더할 나위 없이 좋은 기회이기도 합니다.

02 비교가 안 되는 수업의 깊이

깊고 세분화된 고등학교 수업

고등학교는 과목 수에서부터 중학교와는 차원이 다릅니다. 중학교에서는 단순하게 국어, 영어, 수학, 사회, 과학 같은 과목을 일반적으로 배웠다면 고등학교에서는 세분화된 교과 과목을 배웁니다.

다음 페이지에 나오는 일반고등학교 교과목록표를 보면서 확인해 보세요.

일반고등학교 교과목록표(2022 개정 교육과정)

공통과목	일반 선택	진로 선택	융합 선택
공통국어 1 공통국어 2	화법과 언어, 독서와 작문, 문학	주제 탐구 독서, 문학과 영상, 직무 의사소통	독서 토론과 글쓰기, 매체 의사소통, 언어생활 탐구
공통수학 1 공통수학 2	대수, 미적분 I, 확률과 통계	기하, 미적분 II, 경제 수학, 인공지능 수학, 직무 수학	수학과 문화, 실용 통계, 수학과제 탐구
공통영어 1 공통영어 2	영어 I, 영어 II, 영어 독해와 작문	영미 문학 읽기, 영어 발표와 토론, 심화 영어, 심화 영어 독해와 작문, 직무 영어	실생활 영어 회화, 미디어 영어, 세계 문화와 영어
한국사 1 한국사 2 통합사회 1 통합사회 2	세계시민과 지리, 세계사, 사회와 문화, 현대사회와 윤리	한국지리 탐구, 도시의 미래 탐구, 동아시아 역사 기행, 정치, 법과 사회, 경제, 윤리와 사상, 인문학과 윤리, 국제 관계의 이해	여행지리, 역사로 탐구하는 현대 세계, 사회문제 탐구, 금융과 경제생활, 윤리문제 탐구, 기후변화와 지속가능한 세계
통합과학 1 통합과학 2 과학탐구실험 1 과학탐구실험 2	물리학, 화학, 생명과학, 지구과학	역학과 에너지, 전자기와 양자, 물질과 에너지, 화학 반응의 세계, 세포와 물질대사, 생물의 유전, 지구시스템과학, 행성우주과학	과학의 역사와 문화, 기후변화와 환경생태, 융합과학 탐구

이 표에서 보다시피 학생들은 고등학교에서 세분화된 과목으로 학습하는데, 물론 표에 나온 과목들을 다 배우지는 않습니다. 국어, 수학, 영어, 통합사회, 통합과학 같은 공통과목은 고등학교 1학년 때 주로 필수과목으로 배웁니다. 대학으로 생각한다면 교양필수과목이라고 말할 수 있습니다. 2학년과 3학년에 진급하면서 본인의 적성과 선호도에 따라서 여러 가지 세분화된 과목들을 선택할 수 있습니다. 이과 성향의 학생들은 과학 과목을 중심으로 많이 선택하고, 문과 성향 학생들은 사회 과목을 중심으로 선택합니다.

표에 나오지는 않았지만 체육, 음악, 미술 같은 예체능 과목과 기술·가정, 제2외국어, 한문, 철학, 논술, 환경 등 각 고등학교에 개설되어 있는 생활 교양과목도 학생이 선택하여 듣습니다. 이처럼 중학교 때와는 비교도 할 수 없을 정도로 많은 과목을 고등학교에서 공부해야 합니다.

수업 방식에도 많은 변화가 있습니다. 중학교 때까지는 체험 및 모둠 수업으로 주로 진행되며, 토의와 토론 등으로 학생이 중심이 되는 수업을 많이 합니다. 교과 활동지를 학생 스스로 작성하기도 하고 발표 수업 등 다양한 방법으로 진행하는 학생 중심 수업이 많습니다. 몇몇 지역은 혁신학교 비중이 많은 편인데, 혁신학교일수록 교과 지식을 중심으로 하는 수업보다는 학생이 중심이 되고 학생 역량을 키우는 수업을 많이 하고 있습니다. 쉽게 말하면 중학교 때는 학생 스스로 발표하고 이야기하는 수업이 많다면, 고등학교 때는 교과 지식을 단시간에 전달하기 위해서 주로 교사가 강의를 하고 학생들은 그 내용을 듣고 필기하고 정리하는 수업이 많습니다.

고등학생의 수업 시간은 매 교시 50분으로 중학교에 비해 매 시간 5분이 증가합니다. 큰 차이가 아니라고 생각할 수 있지만, 실제 체감 차이도 클 뿐 아니라 하루에 7교시 수업을 한다고 보면 35분가량 시간이 추가됩니다. 요즘은 많이 줄어들었지만 8교시 보충수업을 할 수도 있고 공동교육과정 수업(고등학교 간 연계 방과후 수업)이나 특강이 개설된 학교라면 야간에도 수업을 진행하는 경우가 있습니다. 다만 야간자율학습도 많이 축소된 상태이고 학원 수강 같은 사교육을 받아야 하기 때문에 야간에 학교에 남아 공부할 수 있는 기회는 많이 사라졌습니다. 중학교 때는 3, 4시면 집에 갈 수 있었다면 고등학교에서는 5시 이후에나 하교할 수 있습니다. 한마디로 고등학교에서는 학교에 머무르는 시간이 많이 늘어납니다.

1년 내내 평가의 연속

고등학교 수업의 결과물은 평가입니다. 평가를 하기 위해 수업을 한다고 볼 수도 있습니다. 중학교 2학년이 되어서야 처음으로 학교 시험을 치른 학생들은 고등학교 진학 후 1년 내내 다양한 평가를 받아야 합니다. 수학능력시험과 비슷한 형태의 모의고사를 주기적으로 치러야 하며, 1차 지필평가, 2차 지필평가, 수행평가 등 다양한 시험과 함께 1년 내내 지내야 합니다.

'고등학교 연간 평가 일정표'를 보면 매달 1회 이상 중요한 시험을 치릅니다. 모의고사는 내신 성적에 반영되지 않지만 전국 고등학교 학생들과 비교할 수 있는 객관적인 평가이므로 본인의 위치를 파악하는 데 큰 도움이 됩니다. 전국 영어듣기평가는 1년에 2회 실시하는데, 각 고등학교별로 영어 수행평가에 반영하는 경우가 많습니다. 고등학교 3학년 때는 1년에 4회로 지필평가 횟수는 동일하지만, 1, 2학년에 비해 모의고사와 한국교육과정평가원 모의평가가 훨씬 많습니다. 3학년 학생들은 거의 매달 교육청이 주관하는 전국연합학력평가를 보거나 교육과정평가원이 주관하는 모의평가를 치르고, 11월에는 대학 입시에서 가장 중요한 대학수학능력시험을 치릅니다. 고등학교 1, 2학년과 달리 고등학교 3학년 학생들은 정시 입시를 위한 내신 성적 마감을 위해 수능 시험 직후 2학기 2차 지필평가를 바로 봅니다.

고등학교 연간 평가 일정표

월	1·2학년	3학년
3월	교육청 모의고사	교육청 모의고사
4월	1회 전국 영어듣기평가	교육청 모의고사
		1회 전국 영어듣기평가
5월	1학기 1차 지필평가	1학기 1차 지필평가
6월	교육청 모의고사	대학수학능력시험 모의평가(한국교육과정평가원)
7월	1학기 2차 지필평가	교육청 모의고사
		1학기 2차 지필평가
9월	교육청 모의고사	대학수학능력시험 모의평가(한국교육과정평가원)
	2회 전국 영어듣기평가	2회 전국 영어듣기평가
10월	2학기 1차 지필평가	교육청 모의고사
		2학기 1차 지필평가
11월	교육청 모의고사	대학수학능력시험
		2학기 2차 지필평가
12월	2학기 2차 지필평가	

피 튀기는
지필고사와 수행평가

고등학교 3년 중 가장 경쟁이 치열한 학기는?

고등학교 내신 성적은 대학 입시에서 가장 중요한 역할을 합니다. 고등학교 내신 시험은 수학능력시험처럼 일회성 시험이 아니라서 3년 내내 꾸준히 좋은 성적을 받기가 참 어렵습니다. 학생이 3년 동안 좋은 성적을 얻었다면, 해당 학생이 얼마나 많이 노력했고, 학업 성취도가 좋은 것인지를 판단할 수 있는 객관적이고 효율적인 잣대가 됩니다.

3개년의 6개 학기 중 가장 경쟁이 치열한 학기는 1학년 1학기와 3학년 1학기입니다. 1학년 입학한 직후에는 거의 모든 학생들이 수업에도 열심히 참여하고 좋은 성적을 얻기 위해 노력합니다. 놀기만 하는 학생을 거의 찾기 힘들 정도로 모든 학생들이 열심히 공부합니다. 3년간의 고등학교 생활을 마라톤에 비유한다면, 출발선에서 막 출발한 선수들은 10km까지는 누구도 포기하지 않고 열심히 달립니다. 20km 지점이 지나면서 누구는 중도 포기하기도 하고 누군가는 기록이 좋지 않음을 자각하고 기운이 빠지기도 합니다. 그렇지만 마라톤 결승점이 얼마 남지 않을 때는 모든 선수들이 최선을 다합니다. 지금까지 2등으로 달리던 선수들은 1등을 따라잡기 위해 힘을 내고 나머지 선수들도 결승점에 조금이라도 빨리 도착하기 위해서 마지막 스퍼트를 냅니다. 마찬가지로 3학년 1학기에는 대학 입시가 얼마 남지 않았다는 생각에 많은 학생들이 집중력 있게 공부를 합니다.

　마라톤 같은 3년간의 학교생활은 시험의 연속입니다. 특히 좋은 내신 성적을 받기 위해서는 각 과목별로 지필평가와 수행평가 성적을 모두 잘 받아야 합니다. 지필평가 점수와 수행평가 모든 항목을 합친 점수가 본인의 합계 점수가 되고, 합계 점수를 통해 순위를 매겨 등급이 결정됩니다. 지필평가를 100점 받았더라도 지필 반영 비율이 30%라면 30점이 합계 점수에 합산됩니다. 수행평가 반영 비율이 높은 경우 수행평가 점수가 좋지 못하면 좋은 등급을 받지 못하는 경우가 있습니다.

한 과목 성적표를 받기까지

다음 예시는 고등학교 학생들이 학기별로 받는 고등학교 성적
통지표입니다. 학생들은 한 학기에 배우는 과목 개수만큼 한꺼번
에 표시된 성적통지표를 받습니다. 학생들이 가장 중요하게 봐야
하는 항목은 뭐니뭐니 해도 석차 등급입니다.

고등학교 성적통지표 예시

과목	구분	고사/영역명 (반영 비율)	만점	받은 점수	합계	원점수	성취도	석차 등급	석차 (동석차수)/ 수강자수	과목 평균 (표준 편차)
영어	지필	1차 지필(40%)	100	96	88.2	88	B	2	42(2)/ 400	66.2 (21.2)
	지필	2차 지필(40%)	100	82						
	수행	말하기(10%)	10	9						
	수행	논술(10%)	10	8						

과목 수강한 과목을 표시합니다.

구분 지필평가와 수행평가로 구분됩니다.

고사/영역명(반영 비율) 지필고사의 경우 1차 지필과 2차 지필로 나뉘고,
수행평가의 경우 평가 세부내역이나 평가 명칭이 표시됩니다.

만점 해당 평가 영역의 만점이 표시됩니다. 지필평가의 경우 주로 100점 만
점으로 평가하고, 수행평가에서는 반영 비율을 만점으로 하는 경우가 대부
분입니다.

받은 점수 각 고사/영역별로 받은 점수가 표시됩니다.

합계 지필평가와 수행평가를 합친 점수입니다. 1차 지필고사 96점은 40%

로 반영되므로 38.4점입니다. 2차 지필고사 82점은 32.8점으로 환산됩니다. 최종적으로 38.4점(1차 지필) + 32.8점(2차 지필) + 9점(말하기 수행평가) + 8점(논술 수행평가) = 88.2점이 최종 합계 점수가 됩니다.

원점수 합계 점수를 소수점 첫째 자리에서 반올림하여 기록한 점수입니다.

성취도 학생의 원점수를 분할 점수에 근거하여 산출한 성취 수준 등급입니다. 주로 A, B, C, D, E와 같이 5단계로 평가하며, 진로 선택과목의 경우 A, B, C와 같이 3단계로 평가합니다.

석차 등급 합계 점수에 의한 석차 순위에 따라서 5등급으로 산정된 등급을 의미합니다. 400명 중에 42등을 했으므로 전체 누적 비율에서 11%에 해당하므로 2등급을 부여받습니다. 석차 등급에 '-' 표시가 되어 있으면 성적통지표에서 석차 등급이 표시되지 않는 과목이라는 뜻입니다. 교양 과목의 경우 석차 등급에 'P'라고 표시되어 있다면 이수했다는 의미입니다.

석차(동석차수)/수강자수 수강자수 400명 중에서 42등을 했고 같은 합계 점수를 받은 동점자가 본인 포함 2명이 있다는 의미입니다.

과목 평균(표준 편차) 해당 과목 전체 학생에 대한 평균 점수와 평균을 중심으로 분포되어 있는 정도를 계산하는 지표인 표준편차를 볼 수 있습니다. 표준편차가 클수록 학생들의 점수 분포가 넓게 퍼져 있고, 작을수록 평균 주변에 많이 모여 있습니다.

이 예시는 단순화한 것으로, 실제로 한 과목당 치러야 하는 시험은 기본으로 지필고사 2번과 수행평가입니다. 개별 과목에 따라서 수행평가는 최소 2, 3개에서 많은 경우 5, 6개가 될 수도 있습니다. 한 학기당 수강하는 과목의 수도 한두 과목이 아니므로 지필평가와 더불어 수행평가도 수십 차례 준비하고 평가받아야 합니다.

지필고사는 특별한 경우를 제외하고는 한 학기당 1차 지필고사와 2차 지필고사로 나뉘어 실시됩니다. 지필고사를 한 번만 보면 학생이 시험을 망친 경우 복구할 기회가 없다는 의견이 많아서 대부분 2회 지필고사를 실시합니다. 특히 단위수가 높고 대학 입시에서 바로 반영되는 국어, 영어, 수학 과목은 주로 2회 실시합니다. 학생들이 지필고사를 준비하는 기간은 통상 3주일 정도입니다. 미리 대비하는 학생들은 한 달 반 정도 준비하기도 합니다. 준비성이 투철한 몇몇 학생들은 3월에 수업을 시작하자마자 1차 지필고사 시험 범위를 물어보고, 1차 지필고사가 끝나자마자 2차 지필고사 시험 범위를 물어보기도 합니다.

좋은 내신 성적을 받기 위한 노력

과목 수도 많고 공부할 범위도 넓기 때문에 학생들은 지필고사 대비 계획을 치밀하게 세워야 합니다. 사교육에 많이 의존하는 학생들은 학원에서 고등학교별로 정리해 주는 기출 문제나 예상 문제를 반복적으로 학습하기도 합니다. 하지만 가장 중요한 점은 고등학교 지필고사는 수업을 진행하는 학교 선생님이 출제한다는 것입니다. 그런 점에서 무엇보다도 학교 수업에 집중하고 선생님 수업 내용을 잘 필기해야 합니다. 예전 명문대에 합격한 학생들의 사례를 보면 선생님이 수업 시간에 했던 사소한 농담까지

필기했다고 합니다. 선생님의 농담을 공부하려는 목적이 아니라 수업 상황을 연상하고 연결시키면 학습의 파지력을 높일 수 있기 때문이었습니다. '학습의 파지력'이란 개념을 장기기억으로 전환하기 쉽게 만들고 그 개념들을 응용하고 적용할 수 있는 능력을 말합니다.

또 다른 중요한 사항은 기출 문제를 살펴봐야 한다는 점입니다. 보통 고등학교 도서관에 가면 과년도 문제를 확인할 수 있습니다. 복사를 하거나 사진을 찍을 수도 있습니다. 문제를 출제하는 학교 선생님들은 필연적으로 전년도 문제를 참고합니다. 새로 전근 오신 선생님들도 전입한 고등학교에서는 어느 수준으로 문제를 출제했고 어떤 유형으로 문제를 만들었는지 확인하는 작업을 꼭 거칩니다. 똑같은 문제가 나오지는 않겠지만, 본인이 다니는 고등학교의 최신 출제 경향을 알고 있다면 시험 공부를 할 때 큰 도움이 됩니다.

지필평가 변별력 발생 지점

지필평가 변별력의 핵심은 논술형 문제입니다. 논술형 문제는 일정 비율 이상 출제하도록 의무적으로 규정되어 있습니다. 특히 국어, 영어, 수학처럼 대학 입시에서 비중이 높은 과목의 논술형 문제는 학생들에게 부담인 동시에 내신 성적의 변별력을 만드는 중요한 요소입니다. 시험 공부에 일정 시간 투자한 학생들이 객관식 문제를 틀리는 경우는 많지 않아서 객관식 문제로는 변별력이 생기지 않습니다. 학생들이 많이 틀리도록 매력적인 오답으로 함정을 파서 객관식 문제를 내는 경우도 많지 않습니다.

논술형 문제는 본인의 생각을 더해서 긴 문장으로 서술해야 하기 때문에 얕게 공부한 학생들은 섣불리 좋은 답안을 쓰지 못합니다. 수학 과목의 경우 세세한 풀이 과정을 보기 좋게 작성해야 합니다. 풀이 과정이 틀리면 점수를 획득할 수 없고, 부분적으로 풀이 과정이 틀리거나 누락된 답안을 제출하면 감점당하기 쉽습니다.

영어 과목에서도 문제 지문을 전체적으로 이해하지 못해도 전반적인 내용을 파악할 수 있을 정도로 시험 준비를 한 학생들은 객관식 문제에는 쉽게 접근할 수 있습니다. 하지만 주로 영작 문제가 출제되는 논술형 문제는 영작 실력이 없는 학생이라면 답안을 작성하지 못할 때가 많습니다. 답안 문장을 작성했다 하더라도 문법적으로 오류가 있는 경우에는 감점을 당합니다.

수행평가 하나도 놓칠 수 없다

또 다른 평가 유형인 수행평가는 문제의 답을 구하고 점수를 매기는 정량적 시험 형태와는 다른 평가 방식입니다. 제시된 과제에 학생들의 생각과 의견을 토대로 정답보다는 결론에 도달하는 과정을 평가하기 때문에 '정성적 평가'라고도 합니다. 수행평가 유형으로는 논술, 구술, 실기, 연구 보고서 쓰기 등이 있습니다. 보통 수행평가는 1차 지필고사와 2차 지필고사 사이에 집중적으로 실시됩니다. 한 과목당 수행평가 항목이 최소 3개 이상 돼서 모든 과목의 수행평가를 준비하려면 만만치 않은 시간과 노력이 필요합니다.

과목별로 다양한 유형과 방법으로 평가하기 때문에 학생별로 자신 있는 분야와 자신 없는 분야가 있기도 합니다. 어떤 학생은 발표나 구술이 자신 있는 반면, 어떤 학생은 선생님이나 학생 앞에서 표현은 잘 못하지만 글쓰기나 논술에 자신 있기도 합니다. 그렇기에 자신의 약점을 채우고 모든 수행평가에 잘 참여해서 좋은 결과를 얻도록 최선을 다해야 합니다.

수행평가에서는 교과 선생님들이 난도를 높여서 교과 평균을 내리려고 하는 편은 아닙니다. 일정 수준 이상의 결과물이나 과정을 보여준다면 선생님들은 수행평가에서 감점을 하려고 하지 않습니다. 많은 선생님들이 지필평가는 학생 개개인의 실력과 지식의 점수라고 여기고, 수행평가는 노력의 점수라고 생각하기 때문이죠.

좋은 내신 성적을 받기 위한 항목으로 쓰이는 이 수행평가가 더욱 중요한 이유가 있습니다. 대입 공정성 방안의 일환으로 학교생활기록부 기재 항목이 축소되거나 대학에 전송되는 항목이 줄어들고 있습니다. 이런 추세와 맞물려서 가장 중요한 항목이 학교생활기록부 항목 중 과목별 세부 능력 및 특기사항입니다. 선생님들은 수행평가를 통해서 학생들을 세세히 관찰합니다. 수행평가는 학기 내내 지속되기 때문에 선생님들은 학생들의 수업 태도와 평가에 임하는 과정을 꾸준히 지켜볼 수 있습니다. 학업 역량, 전공 적합성, 인성, 발전 가능성 같은 대학에서 요구하는 평가 요소를 선생님들이 학생들의 수행평가 과정을 통해서 살피는데, 학생이 교과 선생님에게 좋은 인상을 준다면 그것이 충실한 내용으로 학교생활기록부에 기록됩니다. 그래서 수행평가는 내신 성적에 반영된다는 점뿐만 아니라 학교생활기록부를 풍성하게 만드는 좋은 도구라는 점에서도 중요합니다.

04 전교 등수보다 중요한 등급

　고등학교 내신 성적은 크게 '교과 영역'과 '비교과 영역'으로 구분됩니다. '교과 영역'은 지필평가 성적과 수행평가를 합산한 학기당 과목별 성적을 의미합니다. '비교과 영역'은 출결, 창의적체험활동, 독서활동, 수상 경력 등 교과 영역을 제외한 모든 영역을 말합니다.

내신 성적은 상대평가? 절대평가?

　앞에서 여러 번 언급했듯이 내신 성적을 산출할 때는 일반적으로 1차 지필고사, 2차 지필고사, 수행평가 점수를 합산해 등급을 부여합니다. 과목에 따라서는 한 번의 지필고사 성적과 수행평가 성적을 합산해 성적을 부여하기도 합니다. 체육이나 미술 같은 예체능 과목은 지필평가 없이 수행평가만으로 성적을 산출합니다.

일부 학생들이 1차 지필고사를 보고 나서 "저는 몇 등급인가요?"라고 물어보는 경우가 많습니다. 해당 학기 최종 등급은 2차 지필고사와 수행평가를 합산하고 나서 최종 점수와 등수가 나온 후에 알 수 있기 때문에 한 번의 시험만 보고 본인의 등급을 알 수는 없습니다. 예를 들어 1차 지필고사 35%, 2차 지필고사 35%, 수행평가 30%의 비율로 성적을 산출하는 과목이 있다면, 1차 지필평가에서 100점을 맞았을 때 환산 점수는 35점으로 학기 말에 합산됩니다. 35점이란 점수만 가지고 해당 과목의 등급을 말할 수 없고, 학기 말에 지필고사와 수행평가를 합친 100점 만점 중에 본인의 합산 점수가 중요합니다. 합산 점수가 나온 뒤에 점수를 토대로 학생의 과목별 등수에 따라 비율에 맞는 등급이 부여됩니다.

1등급은 상위 10%까지, 2등급은 34%까지, 3등급은 66%까지입니다. 학교에 한 학년 학생이 100명이라면 1등급은 10등까지, 2등급은 11등부터 34등까지입니다. 이와 더불어 단위수가 큰 과목의 성적은 내신에서도 영향력이 커집니다. '단위수'란 1주일에 배우는 수업 시간의 수를 말합니다. 당연한 말이겠지만 일주일에 한 번 수업이 있는 1단위 과목과 일주일에 5번 수업이 있는 5단위 과목의 비중은 5배 차이가 납니다.

수강 학생이 178명인 경우 등급별 학생수(예시)

구분	1등급	2등급	3등급	4등급	5등급
누적 비율(%)	10%	34%	66%	90%	100%
누적 인원(명)	17.8	60.52	117.48	160.2	178
반올림값(명)	18	61	117	160	178
등급 인원(명)	18	43	56	43	18

　중학교의 절대평가와 달리 고등학교는 상대평가를 통해 성적을 산출합니다. 그래서 높은 등급을 받고자 하는 학생들에겐 평가 대상 학생의 숫자가 중요합니다. 예를 들어 공통국어 과목 성적 석차가 9등이고 윤리와 사상 과목 석차도 9등이라고 가정할 때 국어 과목은 1등급일 가능성이 높습니다. 공통국어 과목은 공통과목이어서 전교생이 모두 성적 산출 대상이지만, 윤리와 사상은 선택과목이어서 해당 과목 선택자만 성적 산출 대상이기 때문입니다. 수학에서 분수를 떠올려 보면 분모에 해당하는 학생이 많을수록 좋은 등급을 받기가 상대적으로 쉬워집니다.

　2학년 때부터 들을 선택과목을 정할 때 가장 중요한 요소는 당연히 본인의 적성과 과목 선호도이지만 선택 학생 수도 중요한 요소입니다. 위의 표처럼 등급 인원은 수강자수와 등급별 누적 비율을 곱한 후 반올림한 수치를 등급 인원으로 산정합니다. 1등급은 17.8명이어서 반올림하면 18명이 등급 인원이 되고, 2등급은 60.52명이어서 반올림하면 61명이 되므로 19등부터 61등까지 43명이 2등급 인원으로 정해집니다.

진로 선택과목 성취도

성취율(원점수)	성취도
80% 이상 ~ 100%	A
60% 이상 ~ 80% 미만	B
60% 미만	C

하지만 절대평가로 산출하는 과목도 있습니다. 3학년 때 주로 선택하는 진로 선택과목은 3단계로 점수를 산출합니다. (2022 개정 교육과정에서는 과학 탐구 실험, 예체능, 사회와 과학 교과(군)의 융합 선택 과목은 3단계 점수 산출함) 예를 들어 영어 과목의 경우 실용 영어, 영어권 문화, 진로 영어, 영미 문학 읽기가 진로 선택과목에 해당되는데, 다른 일반 과목과 달리 무조건 80점 이상만 받으면 A등급을 받을 수 있습니다. 다른 과목에 비해 변별력이 떨어져서 일부 대학을 제외하고는 대학 입시에서 반영되는 중요도가 높지 않습니다. 논술, 환경, 심리학과 같은 교양 과목은 석차 등급이나 성취도 없이 이수했을 경우 'P(Pass)'로만 표시됩니다.

05

대입 개편으로
공통된 문제로 치르는 수능

수능 시험도 변화한다

2015 개정 교육과정에 따라 문·이과 구분이 폐지되면서, 2022 학년도 대입수학능력시험부터 국어와 수학은 공통과목과 선택과목을 합친 형태로 바뀌었습니다. 국어에서는 독서와 문학이 공통과목이고, 화법과 작문, 언어와 매체 중에서 한 과목을 선택할 수 있습니다. 수학은 과거에는 이과 학생들을 위한 수학 가형과 문과 학생을 위한 수학 나형으로 구분했지만, 지금은 공통과목인 수학 I, 수학 II와 함께 선택과목으로 확률과 통계, 미적분, 기하 중에서 한 과목을 선택할 수 있습니다. 탐구 영역의 경우 사회 탐구과목 9과목과 과학 탐구과목 8과목을 합친 총 17개 과목에서 자유롭게 2과목까지 선택할 수 있습니다. 예를 들어 학생이 탐구 영역

에서 정치와 법 1과목과 물리학 I 1과목을 동시에 선택할 수 있는 것입니다.

이 수능 체제는 2027년까지 유지되는데, 아직까지는 문과 성향 학생들은 사회 과목 중에서 많이 선택하고, 이과 성향 학생들은 과학 과목 중에서 주로 선택합니다. 고등학교 2학년 때부터 학급 분반을 할 때 선택과목별로 학급을 편성하게 되면 과학 과목을 선택한 학생들을 같은 반으로 묶고 사회 과목을 선택한 학생들을 한 반으로 묶습니다. 결론적으로 문·이과의 구분은 표면적으로 사라졌지만, 예전과 비슷하게 문과 성향의 학급과 이과 성향의 학급이라는 구분이 생기는 것입니다.

2009년 이후 출생 학생들은 2028년도 대입부터 개정된 수학능력시험을 치릅니다. 2028 수학능력시험에서는 모든 학생이 공통된 문제로 시험을 보는 통합형 평가 체제를 도입한 것이죠. 국어와 수학 영역의 선택과목을 폐지하고, 탐구영역에서는 '통합사회'와 '통합과학' 과목을 출제합니다. '심화수학'(미적분II, 기하) 또한 수능에 포함되지 않습니다. 내신 성적에서는 5등급제로 변화가 있지만 수능에서는 9등급 상대평가(영어, 한국사, 제2외국어 영역은 현재처럼 절대평가)는 유지됩니다.

중학교와 고등학교의 차이점

1. 고등학교 내신 성적은 대학 입시에서 가장 중요한 요소로,
   나중에 바꿀 수 없다.

2. 중학교와 달리 고등학교에서는 필수적인 공통과목과 다양한
   선택과목이 있다.

3. 고등학교에서는 지필평가, 수행평가, 모의고사 등 1년 내내
   평가가 계속 이어진다.

4. 모든 학기 성적이 다 중요하지만, 내신 성적의 출발인 1학년
   1학기와 마무리인 3학년 1학기가 특히 중요하다.

5. 고등학교 내신 성적은 1회성 시험 성적이 아니라 지필평가와
   수행평가의 합산 성적으로 완성된다.

6. 좋은 내신 성적을 받기 위한 필수 요소는 수업 시간에 충실히
   하는 것과 기출 문제 확인이다.

7. 내신 성적의 변별력을 가르는 핵심은 논술형 문제이며
   수행평가는 내신 성적의 필요 조건이므로, 그 어느 것 하나라도
   놓칠 수 없다.

8. 문과와 이과의 구분은 사라졌지만, 선택과목 선정에 따라 비슷한
   성향의 학생들이 모이게 된다.

한눈에 보는
고등학교 3년의 생활

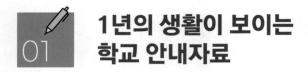

1년의 생활이 보이는 학교 안내자료

학교 안내자료에는 고등학교 1년간의 계획이 다 담겨 있습니다. 1년간의 고등학교 교육과정에서 학부모님이 참여할 수 있는 공식적인 통로는 학부모 총회, 교육과정 설명회, 학부모 공개 수업, 고등학교 입학 설명회, 학부모회, 학교운영위원회, 교육구성원 대토론회 등이 있습니다.

일부 대표 학부모님만 참여하는 학교운영위원회나 학부모회를 제외하면 매년 학기 초에 이루어지는 학부모 총회나 교육과정 설명회는 많은 학부모님이 참여할 수 있는 중요한 학교 행사입니다. 학교마다 사정이 다르겠지만, 매년 3월 중순경 학부모 총회와 교육과정 설명회를 동시에 개최하는 학교가 많습니다.

학부모 총회

    학부모 총회는 학부모님께 고등학교 교육과정의 설명과 학부모회 조직 구성을 목적으로 합니다. 학년 초라 많은 학부모님이 참여하기 때문에 고등학교에서 가장 노력을 많이 기울이는 행사이기도 합니다. 학부모님의 참여가 많은 학교는 학년별로 날짜를 달리하여 행사를 진행하기도 하고, 참석률을 높이기 위해 저녁 7시 이후로 학부모 총회 시간을 정하기도 합니다.

    대부분의 학교에서는 1부 행사 때 참가한 학부모님을 모두 모시고 강당이나 체육관 등에서 교육과정 설명회나 학교 현황에 대한 발표를 진행합니다. 2부 행사 때는 각 학급별로 이동하여 담임교사와 상담 및 질의응답이 이루어집니다. 각 반 교실에서는 학급별 학부모회를 조직하고 학급 대표 학부모님은 따로 모여서 학교 학부모회 구성을 마칩니다.

    학부모 총회에 참석하시면 학교 교육과정에 대해 자세한 설명을 들을 수 있고 자녀가 다니는 고등학교의 입시 현황, 학교 특색 활동 등 여러 가지 중요한 정보를 얻을 수 있습니다. 무엇보다도 1년 동안 학생을 지도하게 될 많은 교사들, 특히 담임교사를 만나서 대화할 수 있는 좋은 기회입니다. 아울러 같은 학급에 배정된 학부모님들과 인사를 나누고 서로 정보를 교환할 수 있는 인적 네트워크를 만들 수 있는 자리이기도 합니다.

학부모 총회 참석에 부담은 No!

일부 부모님들은 초등학교 학부모회에서처럼 녹색어머니회 활동, 각종 행사 참여 압박 등을 떠올리면서 부담감 때문에 학부모 총회 참석을 망설이기도 합니다. 자녀가 학급 회장이나 임원이라도 된다면 부모님 입장에서 부담감이 더 커질 수도 있습니다. 하지만 고등학교 학부모 총회에서는 그런 부담감을 가질 필요가 없습니다.

과거와 달리 고등학교 학부모 총회에서 학부모님께 실질적으로 참여를 강요하는 내용은 없습니다. '부정청탁 및 금품 등 수수의 금지에 관한 법률(일명 '김영란법')'이 시행된 이후 학부모님이 학교나 학급에 금전적으로 도움을 주는 사례도 전혀 없습니다. 학교 의사 결정 과정에 의견을 내거나 참여하고 싶은 학부모님은 학부모회나 학교운영위원회를 구성할 때 자발적으로 참여 의사를 밝히면 됩니다.

담임교사 입장에서도 학부모 총회는 부담스러운 행사입니다. 학년 초에 학생들과 기초 상담만 한 상태라서 각 학생에 대해 깊이 알고 있는 내용이 적습니다. 교사들은 학부모님이 많이 참석했을 때 총회가 끝난 후 상담 및 질의 응답 시간에 무슨 정보를 알려 드려야 하나 고민을 많이 합니다.

사실 학부모님께서도 질의 응답 시간에 무슨 얘기를 해야 할까 고민이실 텐데요, 담임교사에게 자녀에 대한 정보를 준비해서 전달해 주시면 좋습니다. 예를 들어 만성 질환 유무, 자녀의 성격, 진로 방향, 형제자매 재학 유무 등 담임교사가 지도할 때 도움이 될 만한 정보를 학기 초에 알려 주시면 학생 지도에 큰 도움이 됩니다.

학교 안내자료

고등학교에서는 학부모 총회에서 학부모용 학교 안내자료를 배부합니다. 이 안내자료에는 고등학교 생활에 대한 다양한 정보들이 담겨 있어서 잘 활용하면 학교생활에 큰 도움이 됩니다.

학부모 총회 때 배부하는 학교 안내자료에는 해당년도 학사운영계획이 수록되어 있습니다. 이 학사운영계획에서 모의고사, 지필고사, 재량휴업일 등 학교 중요 일정을 확인할 수 있습니다. 이 자료를 통해 학부모님은 1년간의 학교운영계획을 살펴보고 각종 시험 준비 및 재량휴업을 이용한 현장체험학습 신청 등 학생의 개별적인 일정을 미리 준비할 수 있습니다. 학생과 학부모님들이 학교 안내자료에서 확인할 수 있는 중요 항목인 교육과정 편성표와 고등학교 수상 계획 및 특색활동은 02와 03편에서 다루겠습니다.

교육과정 운영계획

모든 고등학교의 교육과정 운영계획은 여러 방법으로 공개되어 있습니다. 학부모님은 학교 홈페이지, 학교알리미 사이트, 학교 안내자료 등을 통해서 교육과정 운영계획을 확인할 수 있습니다. 학생들은 교육과정 편성표를 살펴보고 자신들이 배울 교과목을 미리 확인하여 선택과목을 사전에 고민할 수 있는 기회를 가질 수 있습니다.

무슨 과목을 언제 배우는가

다음의 교육과정 편성표에는 교과(군)에 따라 다양한 과목이 개설되어 있습니다. 학생들은 학년별 또는 학기별로 배우게 되는

고등학교 교육과정 편성표(예시)

교과(군)	과목	기준단위	운영단위				1학년		2학년		3학년		영역합계	필수이수단위
			공통	일반	진로	융합	1학기	2학기	1학기	2학기	1학기	2학기		
국어	공통국어	8	8				4	4					26	10
	화법과 언어	5		5					5					
	독서와 작문	5		5						5				
	주제 탐구 독서	5		4							4			
	문학과 영상	5		4								4		
수학	공통수학	8	8				4	4					21	10
	대수	5		4					4					
	미적분 I	5		5						5				
	확률과 통계	5		4							4			
영어	공통영어	8	8				4	4					21	10
	영어 I	5		5					5					
	영어 II	5		4						4				
	영어 독해와 작문	5		4							4			
한국사	한국사	6	6				3	3					6	6
기초교과선택	기하/영미 문학 읽기 중 택1	5		6							3	3	14	
	직무의사소통/경제 수학/심화 영어 중 택2	5			4							4		
		5			4							4		

과목 현황과 단위수 등 3년간 수업 과목에 대한 정보를 한눈에 살펴볼 수 있습니다. 맨 오른쪽에 있는 필수 이수 단위는 졸업 시 최소한으로 배워야 하는 필수 단위를 뜻합니다.

이 편성표의 국어 교과군에서는 공통국어, 화법과 언어, 독서와 작문, 주제 탐구 독서, 문학과 영상 과목이 해당 고등학교에 개설되어 있습니다. 학년에 따라 다른 과목들이 편성되어 있는데, 공통국어 과목은 공통과목에 해당되므로 1학년 1학기, 2학기 내내 학습합니다. 학생들은 2학년 1학기에는 화법과 언어 과목을 수강하고, 2학년 2학기에는 5단위 독서와 작문 과목을 일주일에 5시간 동안 배웁니다. 3학년 1학기에는 주제 탐구 독서 과목을 배우고, 3학년 2학기에는 문학과 영상을 학습합니다.

한국사는 기초 공통과목에 해당하므로 학생들은 1학년 1학기와 2학기에 걸쳐서 총 6단위 수업을 수강해야 합니다. 수학능력시험 필수 응시 영역인 한국사 과목은 고등학교 1학년 때 수업이 완료되므로 이때 한국사 학습을 철저히 마무리해 놓아야 합니다.

학생들의 선택권

교육과정에서 기초 교과 선택과목은 반드시 들어야 합니다. 하지만 말 그대로 과목은 선택할 수가 있지요. 앞에 예시로 든 고등학교의 학생들은 기초 교과 선택에서는 기하와 영미 문학 읽기 중에서 1과목을 선택합니다. 아울러 직무 의사소통, 경제 수학, 심화 영어에서 2과목을 학생별로 선택합니다. 고등학교마다 차이는 있겠지만 선택과목은 주로 1학년 때보다는 2, 3학년 때 개설되어 있는 경우가 많습니다. 참고로 이 학교에서는 기하/영미 문학 읽기의 기준 단위는 5이고 일반은 6이라고 되어 있는데요. 이것은 최소한 5단위 이상으로 교육과정을 구성하라는 의미이고 학교별로 5단위 이상으로 설정할 수 있는데, 이 학교는 6단위로 편성한다는 걸 보여주는 것입니다.

선택과목의 제약 없이 학생들은 자유롭게 개설된 과목 내에서 선택권을 보장받습니다. 다만 선택한 학생이 거의 없는 과목은 비슷한 성격의 과목과 통합되기도 합니다. 학생들이 2학년 진급 전에 본인의 진로를 확고히 정하면 선택과목 선정에 도움이 됩니다. 학생 본인의 진로와 희망 적성에 부합하는 과목을 선택하면 대학 입시에서도 유리하기 때문입니다.

고등학교에서는 선택 수업 때마다 교실 간 이동을 최소화하여 학생들이 최대한 편하게 수업을 수강하도록 2학년 때부터 선택과목별로 반 편성을 하려고 합니다. 기하나 경제 수학을 선택한 학생끼리 한 학급으로 편성하고, 영미 문학 읽기나 심화 영어를 선택한 학생들을 같은 학급으로 묶습니다. 문·이과 공통 교육과정이 실시되고 있어서 문과와 이과의 구분은 사라졌지만, 실제로는 문과 성향의 학급과 이과 성향의 학급으로 여전히 구분되는 이유입니다.

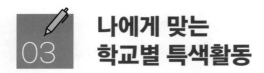

03 나에게 맞는 학교별 특색활동

학교 안내자료에서 교육과정 운영계획과 학사 일정 외에 학생들 입장에서 꼭 확인해야 할 항목은 수상 계획과 고등학교별 특색활동 현황입니다. 학교에 따라서는 신입생 입학 자료나 학기초 학교 설명회 자료를 학생들에게 배부하기도 합니다.

수상 계획

수상 실적이 대학 입시에서 현재 반영되고 있지 않지만, 학교생활에서 수상의 중요성은 여전히 유효합니다. 상을 받은 학생은 학교생활에서 자신감이 상승하며 교사들의 주목과 관심을 받습니다. 당연히 상을 받기까지 여러 노력을 하면서 학생들은 모든 측면에서 성장하는 과정을 거칩니다.

각 고등학교별로 학교 안내자료에는 수상 계획이 필수적으로 포함됩니다. 각종 대회 정보를 확인하고 미리 대비하는 자세가 필요합니다. 모든 교내 대회에서 수상을 하면 좋겠지만 물리적으로 시간 제약이 있습니다. 따라서 본인에게 필요한 대회를 선별적으로 선택하여 좀 더 치밀하게 준비하는 전략이 필요합니다. 예를 들어 어문계열로 진학하고 싶은 학생이라면 영어 수필 대회 같은 외국어 관련 대회에서, 공학계열을 희망하는 학생들은 과학실험 탐구대회에서 수상 실적을 쌓아야 합니다. 전공을 불문하고 토론대회에서 수상한 학생은 논리력과 발표 능력을 높게 평가받아 발전 가능성 항목에서 좋은 점수를 받을 수 있습니다.

수상 실적을 무분별하게 남발하는 것을 막기 위해 각 학교에서는 대회 참여 인원의 20% 이내에서 학생들에게 시상을 합니다. 대회 성격에 따라 전교생이 참가하는 대회와 희망 학생만 참가하는 대회로 구분되는데요. 희망 학생만 참가하는 대회는 거의 모든 참가 학생들이 열심히 대회를 준비하기 때문에 수상 가능성이 높지 않습니다. 하지만 전교생이 의무적으로 참가하는 대회에서는 모든 학생들이 대회를 열심히 준비하는 것은 아니라서 조금만 신경 써서 준비하면 상대적으로 수상할 가능성이 높습니다. 대회에서 수상하고 싶은 학생들은 관련 대회 실시 요강을 충분히 숙지하고 담당교사에게 심사 기준 등을 문의해서 대비하면 수상에 한발 더 다가갈 수 있습니다.

특색활동

각 고등학교에서는 학교 특성에 맞는 특색활동 계획이 있습니다. 특정 고등학교 특색활동이 대학 입시에서 유용하게 쓰인다고 입소문이 나면 특색활동에 참여하기 위해 해당 고등학교에 진학하는 학생들도 많아지기에 신경을 많이 쓰는 편입니다.

그렇지만 현실적으로 학교에 설치되어 있는 모든 특색 프로그램에 참여하기는 어렵습니다. 따라서 학교 특색활동 목록을 잘 살펴서 본인에게 필요한 활동에 우선순위를 설정하여 중요한 활동 순서대로 참여해야 합니다.

고등학교 특색활동 계획(예시)

프로그램명	기간	세부 운영 계획
사제간 독서 프로그램	3 ~ 7월	학생과 교사 간 결연 프로그램으로 책을 선정하여 읽고 의견을 교환
멘토-멘티 프로그램	9 ~ 11월	방과후 시간 소그룹으로 편성, 친구들과의 멘토-멘티 학습을 통해 실력 향상에 도움
진로 진학 프로그램	7월	진로 진학 컨설팅과 면접에 도움되는 프로그램 제공
학습 플래너 프로그램	3 ~ 8월	1, 2, 3학년 희망 학생을 대상으로 한 학기 동안 선생님과 학생 결연으로 자기주도적인 학습 능력 및 전반적인 자기관리 능력이 향상되도록 연계

학생 간 멘토-멘티 프로그램은 많은 고등학교에서 실시하는 프로그램입니다. 학생 본인이 자신 있는 과목의 멘토가 되어 멘

티 학생들을 지도하는 활동으로, 자기 주도성과 발전 가능성을 엿볼 수 있어 유익합니다.

교사와 연결되어 있는 활동도 학생에게 큰 도움이 됩니다. 생활기록부 입력 주체가 교사인 만큼 교사가 직접적으로 관찰할 수 있는 프로그램에 참가하면 학생들의 학생부가 풍성하게 채워질 수 있습니다. 사제 동행 프로그램이 고등학교에서 실시되고 있다면 적극적으로 참여하는 걸 권합니다.

아울러 이런 특색활동이 일회성 행사가 아니라 장기간 실시되는 프로그램이면 더욱 좋습니다. 하루 동안 이루어지는 명사 특강이나 독서 캠프보다는 오랜 기간 지속되는 학습 플래너 프로그램이나 토론 프로그램 등이 학생들에게 더 도움이 됩니다. 어느 것이 됐든 학생들은 학교 특색활동 목록을 살핀 후 본인에게 유리한 프로그램을 선택하여 집중적으로 활동해야 합니다.

Chapter 4 SUMMARY

한눈에 보는 고등학교 3년의 생활

1. 학교 안내자료에서 학사운영계획, 교육과정 편성표, 고등학교
   수상 계획 및 특색활동을 확인한다.

2. 학사운영계획을 통해 지필고사 일정, 재량휴업일, 현장체험
   학습일 등 1년간 학교 중요 일정을 파악한다.

3. 교육과정 운영계획을 통해 3년간 교과목 편제를 확인하고,
   선택과목을 미리 결정하도록 한다.

4. 수상 계획을 확인하고 자신의 진로와 특성에 맞는 교내 대회를
   미리 준비한다.

5. 고등학교 특색활동을 살펴보고 자신에게 도움되는 우선순위를
   정해서 참가 신청을 한다.

변화하는
고등학교

고교학점제

고교학점제란?

2025년에 고1이 되는 2009년생들부터 전격 실시되는 고교학점제는 학생들이 진로에 따라 다양한 과목을 선택해 이수하고 누적 학점이 기준에 도달할 경우 졸업을 인정받는 제도라고 교육부는 밝히고 있습니다. 대학교에서 4년 동안 일정 학점을 취득하면 졸업할 수 있듯이, 우리가 알고 있는 대학교의 학점 제도가 고등학교에 적용되었다고 생각하면 이해하기 쉽습니다.

다른 점은, 대학교에서는 학점을 취득하는 일 자체가 중요하지만, 고등학교 고교학점제의 핵심 개념은 학점 취득이 아니라는 겁니다. 3년 동안 일정 학점 이상을 취득할 경우 고등학교를 졸업할 수 있는 제도라는 점에서 의미는 동일하지만, 고교학점제에서 가장 중요한 점은 학생들의 입장에서 선택과목의 종류가 많아진다는 사실입니다. 대학교에 개설된 수많은 강좌만큼은 아니더라도 기존의 국어, 영어, 수학 위주의 필수과목 위주에서 벗어나 학생들의 선택과목이 대폭 확대된다는 특징이 있습니다.

고교학점제로 달라지는 사항

고교학점제에서는 학생들이 자신의 진로와 적성에 따라 원하는 과목을 신청해서 공부할 수 있습니다. 예전에는 학생들이 본인들 교실에서만 수업을 들었다면, 고교학점제에서는 자신이 선택한 과목에 따라 각 반 학생들이 섞여서 수업을 수강하게 됩니다. 원하는 과목이 개설되어 있지 않다면 다른 학교에서 수업을 듣거나, 다른 교육기관에서 온라인 수업을 신청할 수도 있습니다.

고교학점제에서는 평가 방식이 성취평가제 즉, 절대평가로 바뀝니다. 고교학점제 이전에는 진로 선택과목만 절대평가로 3단계(A, B, C) 성취도가 표시되었습니다. 고교학점제에서는 국어, 영어, 수학을 포함하여 모든 선택과목까지 5단계 성취도(A, B, C, D, E)가 표시됩니다. 예외적으로 공통과목은 성취도와 함께 석차등급(9등급)이 동시에 표시되어 상대평가 방식이 일정 부분 유지됩니다. 2028 대입 제도 개편에 따라 공통, 일반, 진로, 융합선택과목에서는 5등급제 상대평가와 절대평가가 병기됩니다.

고교학점제 시행 이전에는 본인의 교과 성적과 관계없이 고등학교를 졸업할 수 있었습니다. 모든 과목에서 0점을 받아도, 전교 등수가 꼴찌여도 학교 수업에만 잘 출석하면 졸업이 가능했습니다. 출석만이 졸업 가능 여부를 판단하는 기준으로, 수업일 수의 1/3 이상을 결석하지 않으면 졸업이 가능한 거죠. 예를 들어 수업일 수가 1년에 190일이라고 가정했을 때 64일 이상 결석하면 다음 학년에 진급할 수 없거나 졸업을 할 수 없습니다.

고교학점제가 실시되면 목표한 성취 수준에 학생들이 도달했다고 판단하는 경우에만 해당 과목을 이수했다고 인정해 줍니다. 출석률도 2/3 이상 되어야 하고 학업 성취율 역시 40% 이상을 모두 충족해야 졸업할 수 있습니다. 개별 과목을 이수하지 않고 졸업에 필요한 학점을 채우지 못하면 고등학교 졸업을 못할 수도 있습니다.

고등학교 학사운영체제의 변화

	고교학점제 실시 전	고교학점제 실시 후
수업량 기준	단위	학점
1학점 수업량	50분 17회	50분 16회
총 이수 학점(이수 시간)	204단위(2,890시간)	192학점(2,560시간)
교과·창체 비중	교과 180/창체 24	교과 174/창체 18

지금까지는 고등학교에서 '단위'라는 용어를 썼지만 고교학점제에서는 '학점'이라는 용어를 사용합니다. 용어는 바뀌었지

만, 학점이라는 수업량 기준은 1주일에 1차시 수업을 한다는 것으로 보면 됩니다. 현재 4단위의 영어 과목이 있다면 4학점의 영어 과목이라고 용어가 바뀌는 거죠. 총 이수 학점은 204단위에서 192학점으로 줄어들며, 이수 시간도 이에 비례하여 2,890시간에서 2,560시간으로 감소합니다. 교과 및 창의적체험활동 학점 역시 174학점과 18학점으로 각각 감소합니다.

고교학점제의 장점

고교학점제의 장점은 학생들이 스스로 진로를 생각해 보고, 본인의 적성과 진로에 맞는 과목을 원하는 대로 수강할 수 있다는 점입니다. 학교에서 시키는 대로 정해진 과목을 수강하다가 교과 선택권을 갖게 되면, 학생의 자율성과 자기주도 능력이 커진다는 사실은 의심의 여지가 없습니다. 학생 입장에서도 억지로 하는 공부가 아니라 본인 스스로 선택한 과목을 공부하는 것이어서 주도적인 학습이 가능하고 학생 개개인에게 즐거운 일로 다가올 수 있습니다.

고교학점제의 취지인 1학년 때 본인의 진로 적성을 탐색하고 2학년 때 선택과목별로 수강을 시작하며 3학년 때 2년 동안 쌓아온 진로를 기반으로 진학 준비와 졸업 이후의 설계를 한다는 구상은 꽤 매력적입니다. 선택과목을 석차 등급 없이 성취도 평가를 하니까 특정 과목으로의 쏠림 현상도 방지할 수 있습니다. 어느 과목이 좋은 성적을 받기에 유리한지 고민하기보다는 본인의 진로에 따라 눈치 보지 않고 선택할 수 있다는 의미입니다. 주당 수업 시간도 34시간에서 32시간으로 줄어 학생들의 학습 부담도 경감되고 방과후 활동에도 시간을 더 할애할 수 있습니다. 교실 밖 다양한 공간에서 이뤄지는 창의적인 학습은 학생 개개인의 역량을 키우는 데 큰 도움이 될 수 있습니다.

고교학점제의 단점

고교학점제에 좋은 점만 있지는 않습니다. 중학교 때까지 진로교육이 제대로 되어 있지 않거나 본인의 진로가 명확하지 않은 채 고등학교에 진학했을 때는 고교학점제가 학생에게 혼란을 줄 수 있습니다. 본인의 적성과 진로도 모르고 흥미가 시시각각 바뀌는 학생이라면 본인에게 부여되는 선택권이 오히려 부담으로 다가올 수 있다는 이야기입니다.

이런 혼란을 막기 위해 고등학교 입학 전 겨울방학을 이용해서 부모님과 깊은 대화를 하고 직업 체험과 진로 상담 등을 통해서 학생 본인의 진로를 최대한 고민하고 구체화해야 합니다. 미래의 진로를 명확하게 정하기 힘든 학생이라면 최소한 직업으로서 진출하기 싫은 분야라도 정하면 됩니다. 고교학점제 시행 초기에는 고등학교별로 개설 가능한 과목 내에서 선택하는 체제로 진행됩니다. 학생 본인의 진로에 맞춤형 선택을 하면 가장 좋겠지만, 일반적으로 제한된 선택권 내에서 본인이 절대 하고 싶지 않은 과목을 피하는 전략도 차선으로 생각할 수 있습니다.

교사들 사이에서는 고교학점제 실시로 한 개 과목만 가르치는 교사는 사라진다는 말을 자주 합니다. 고교학점제 이전에는 영어 교사는 영어 과목만 가르치고, 수학 교사는 수학 과목만 가르쳤습니다. 하지만 고교학점제 실시로 다양한 과목이 개설되는 상황에서 교사 수가 부족하기 때문에 한 교사가 여러 과목을 가르치는 일이 벌어지는 거죠. 교사들은 전문성 향상을 위해 항상 노력하고 교육전문가로서 많은 준비를 하고 있습니다. 하지만 현실적으로 한 교사가 여러 과목을 가르치는 경우 수업의 질이 떨어지는 문제가 생길 수 있다는 우려도 있습니다. 따라서 고교학점제는 교원 수급 문제를 해결해야 하는 과제를 안고 있습니다.

공동교육과정 수업

공동교육과정 수업의 정의

공동교육과정 수업이란 일반고 학생들이 다양한 교육과정에 참여할 수 있도록 개설한 프로그램을 말합니다. 일반고 학생들의 과목 선택권을 넓게 하자는 취지가 강한 프로그램으로, 지역 인근 고등학교가 교과목을 상호 협력하고 연계하여 학생들이 듣고 싶어 하는 교육과정을 개설하고 수업에 참여할 수 있도록 도와주는 것입니다. 예전에는 클러스터 교육과정으로 많이 불렸는데, 이제는 '공동교육과정'이란 명칭으로 통일되었습니다.

공동교육과정 수업도 정규 교육과정

공동교육과정 수업은 가깝게 위치한 학교끼리 그룹을 만드는 것이어서 보통 지역 내 인근 2, 3개 고등학교가 협력하여 강좌를 운영하는 공동교육 방식의 수업입니다. 학생들 입장에서는 본인들이 다니는 고등학교에 개설되지 않은 교과를 수강할 수 있습니다. 개설 과목은 국가 교육과정에 나와 있는 전문 교과 과목이 중심이 되며, 국가 교육과정에 없는 과목이어도 학기 시작 전에 강좌 개설을 요청하면 개설될 수도 있습니다. 1년 단위로 수업이 진행되며 학년 말에 운영 내용을 평가하여 다음 년도의 개설 여부가 결정됩니다. 따라서 매년 개설되는 과목이 달라지기도 합니다.

공동교육과정 수업은 정규 교육과정에 포함되므로 출결 및 성적 처리 방법도 일반 교과 과목과 같습니다. 특별한 사유 없이 결석할 경우 미인정 결석 처리되고, 몸이 아픈 경우 증빙서류를 내면 질병 결석 처리됩니다. 성적 처리는 진로 선택과목과 마찬가지로 성취도 평가(A, B, C)로 성적을 산출합니다. 일반적으로 공동교육과정 수업은 많이 신청하지 않으며 13명 이내로 운영되는 경우가 많습니다. 수강 신청 인원이 13명 이하일 경우에는 성적 처리가 되지 않고, 수료(PASS)로만 나오기에 학생들이 성적에 부담을 가지지 않아도 됩니다.

공동교육과정 수업과 더불어 '주문형 강좌'라는 프로그램도 있습니다. 개별 고등학교에서 학생들의 주문형 강좌 수업 요청이 있을 때 방과후나 주말에 과목을 개설하여 학생들을 가르칠 수 있는 프로그램입니다. 학생들이 선택과목을 신청할 때 부득이하게 소수의 학생만이 선택한 과목이 나올 수 있습니다. 예를 들어 '심리학' 과목을 전교에서 8명만 신청했다고 가정했을 때, 학교에서는 해당 과목을 폐강시키고 다른 선택과목으로 유도할 수도 있습니다. 하지만 학생들이 심리학 과목을 주문형 강좌로 개설을 희망하면 일과 시간 이외에 수업을 진행할 수 있습니다. 주문형 강좌는 해당 과목에 전문성이 있는 외부 강사가 수업을 진행할 수도 있습니다.

고등학교 교육과정 공동교육과정 운영(예시)

운영교	개설 과목
○○고등학교	체육 전공 실기
	화학 실험
△△고등학교	사회과학 방법론
	환경과학

○○고등학교와 △△고등학교가 연합하여 공동교육과정을 운영한다면, ○○고등학교 체육 전공 실기나 화학 실험 공동교육과정 수업에 ○○고등학교와 △△고등학교 학생이 함께 모여 수업을 듣습니다. 마찬가지로 △△고등학교의 사회과학 방법론과 환경과학 시간에는 두 개 학교에서 신청한 학생들이 모여서 수업을 수강합니다. 참고로 신청한 학생들을 모두 수용하지는 않습니다.

학생 개개인의 진로 적합성, 성실성, 학업 성취도 등을 고려해 학생을 선발하는 과정을 거칩니다.

공동교육과정은 학교생활기록부에 활동 내용이 기록되는 정규 교육과정입니다. 단순히 수강한 강좌의 이름과 이수 시간만 학교생활기록부에 올라가는 게 아니라는 뜻입니다. 공동교육과정은 고등학교 2학년 학생들이 주로 신청하며, 일주일에 1회 정도 방과후 3시간 이상 수업이 진행됩니다. 수업 활동 내용은 교과학습 발달상황에 성적이 기록되고 과목별 세부능력 및 특기사항에도 기록됩니다. 앞서 말한 대로 수강 인원이 13명 이하일 경우 개설은 하되 학교생활기록부에 성적은 기록되지 않지만, 세부능력 및 특기사항에 학생의 활동 내용이 기록됩니다.

공동교육과정 수업의 장점

대학교에서 학생 선발을 위해 학교생활기록부에서 평가하는 항목은 크게 학업 역량, 전공 적합성, 인성, 발전 가능성 4가지입니다. 대학별로 요구하는 인재상이 달라서 각각 반영하는 비율은 다를 수 있지만, 대부분 4가지 영역을 기준으로 삼습니다. 고등학교에 개설되지 않은 과목을 스스로 찾아 선택하는 공동교육과정 수업은 대학교에서 학생을 선발하는 입학사정관 입장에서 높은 점수를 줄 수 있는 내용입니다. 자신의 전공에 맞는 공동교육과정 수업을 이수했다면 학업 역량과 전공 적합성 항목에서 높은 평가를 받을 수 있습니다.

학교생활기록부를 풍성하게 하고 싶은 학생이라면 공동교육과정 수업에 관심을 가져보는 것도 좋습니다. 공동교육과정은 다수의 학생들이 신청하는 과목이 아니므로 학교생활기록부에서 희소성이 있는 평가 요소이기 때문입니다. 무엇보다도 학생 본인이 선발 과정을 통과한 수업이기 때문에 어떤 수업보다 적극적인 태도로 수업을 듣습니다. 학생 본인이 재학하는 학교에 개설되지 않은 심화 과목을 신청해서 수강했고, 해당 수업에 대한 활동 상황이 학교생활기록부에 기재된다면 다른 학생들과 차별화되는 특별한 기재 내용이 될 수 있습니다.

공동교육과정 수업은 소규모 수업으로 이루어지고 주로 심화 과목에 해당하므로 수업의 질과 방식이 일반 교과 수업과 다를 수밖에 없습니다. 조별 토론, 실험, 실습, 보고서 작성 및 발표와 같은 학생 중심의 심도 있는 수업으로 진행됩니다. 많은 학생들과 수업하는 일반 교과 수업과 달리 선생님 입장에서도 학생들을 더욱 깊이 관찰할 수 있습니다. 인근 학교와 본인의 고등학교에서 공동교육과정 수업을 스스로 선택한 열정 넘치는 학생들을 가르치는 선생님도 적극적일 수밖에 없습니다. 학생들의 활동상과 1년 동안 변화하는 모습을 관찰한 내용은 고스란히 학교생활기록부에 기록될 가능성이 높습니다.

고교 정보 블라인드

대입 공정성 방안의 핵심

'고교 정보 블라인드(이하 '고교 블라인드')'란 대학에 전송하는 자료에서 학생의 출신 고교 후광효과를 차단하기 위하여 출신 고교의 모든 정보를 제외하는 제도를 말합니다. 이 제도가 생긴 배경을 말씀드리면, 학생부 종합 전형(대학 수시 입시 방법의 하나로 학생의 학교생활기록부에 기재된 교과 성적, 비교과 활동, 출결, 교사의 평가, 면접 평가 등을 종합적으로 평가하여 입학생을 뽑는 일)이 실시되는 과정에서 학생과 학부모로부터 불공정한 전형으로 인식되고 불신을 받는 일이 생겼습니다. 학생 본인의 능력보다는 고교 유형이나 가족 배경과 같은 외부 환경 요인이 영향을 많이 준다는 인식이 생긴 것입니다. 실제로 학생부 종합 전형은 과학고, 외국어고, 자사고 등이 일반고보다 선발 결과가 우수한 경우가 많았습니다. 일반고 내에서도 소득 수준이 높거나 사교육이 활발한 지역에 있는 고등학교가 입시 실적이 좋았습니다. 학생부 종합 전형이 고교 서열제니 고교 등급제라는 소문이 나왔던 이유입니다.

학생과 학부모들이 대입 전형에 신뢰감을 보내지 않게 되자 교육부는 대입 공정성 방안을 발표합니다. 학생부 종합 전형을 투명하고 공정하게 강화하고 대입 전형간 불균형을 해소하고자 나타난 방안입니다. 자기소개서 및 교사 추천서 폐지와 함께 추진한 핵심 내용은 고교 정보 블라인드 실시와 고교 프로파일 전면 폐지입니다. 예전에는 각 고등학교에서 고교 프로파일을 작성해서 대학교에 발송했고, 각 대학에서는 고등학교에서 발송한 프로파일을 토대로 학생 선발 전형에서 활용했습니다. 학생 역량과 동시에 고교 정보도 살폈다는 말입니다. 하지만 고교 프로파일이 고교 서열화를 만들어 내고, 고교 정보로 인해 학생들의 역량보다는 출신 고교의 영향력이 발생할 수 있다는 판단에 폐지됐습니다.

이 고교 블라인드로 인해 대학 전형에서 출신 고교 정보를 모두 삭제합니다. 대학교에 전송되는 학교생활기록부 자료에는 자동으로 일괄 블라인드 처리되는 항목이 있습니다. 인적/학적사항(학생 성명, 주민번호, 고등학교 이름), 수상 실적(수여기관-해당 고등학교장), 봉사활동(주관기관/장소-해당 고등학교)에서 고등학교 이름은 자동 블라인드 처리되어 보이지 않습니다.

고교 블라인드를 확인해야 하는 항목은 수상 실적, 과목별 세부능력 및 특기사항, 창의적체험활동 특기사항, 행동특성 및 종합의견 등입니다.

수상 실적에서는 교내상만 학교생활기록부에 기록될 수 있습니다. 따라서 모든 수여 기관은 해당 고등학교장이 되기에 수여 기관은 일괄적으로 삭제되어 대학교에 입시 정보로 제공됩니다. 상장명에 고등학교명이 들어가 있으면 고교 블라인드 원칙에 따라 고등학교 이름을 지우고 '교내' 또는 '○○'으로 처리해야 합니다. 과목별 세부능력 및 특기사항에도 각 교과 교사들이 습관적으로 출신 고교명을 쓰기도 하고, 창의적체험활동 특기사항에 축제나 스포츠대회 명칭이 들어가기도 하는데, 축제 명칭으로도 출신 고교를 유추할 수 있기 때문에 삭제 대상입니다. 지역명이 들어가는 경우도 삭제해야 하고, '예술의 전당'이나 '대치동 주민센터' 같은 출신 고교 지역을 추측할 수 있는 기관명도 고교 블라인드 대상입니다. 행동특성 및 종합의견에서도 학교 이름을 활용한 별칭이나 이웃하는 고등학교 이름도 기재되어서는 안 됩니다.

학교생활기록부 서류를 포함해서 대학별 고사인 면접에서도 고교 블라인드가 적용됩니다. 대학 면접에서 수험생은 교복을 입고 갈 수 없습니다. 불과 몇 년 전에는 단정한 모습을 보여주기 위해 사복보다는 교복을 권장했지만, 지금은 고교 블라인드 때문에 교복을 입을 수 없고, 교복을 입고 갔다고 하더라도 면접장 앞에서 대학교에서 제공하는 가운으로 교복을 가려 학교 정보를 면접관이 알 수 없게 합니다. 면접장에서도 본인의 출신 고교나 지역, 또는 부모님의 직업 등 본인 이외의 외부적 환경을 실수로 언급하면 경고를 받습니다. 경고 후에도 반복적으로 고교 블라인드를 어겼을 경우 면접 점수에 큰 영향을 주게 됩니다.

Chapter 5 SUMMARY

변화하는 고등학교

1. 고교학점제에서는 학생들이 원하는 과목을 수강할 수 있기 때문에 본인의 진로를 빨리 구체화해야 한다.

2. 공동교육과정 수업은 지역 인근 학교가 연합하여 개설한 과정으로 깊이 있는 수업이 진행되어 대학 입시에 큰 도움이 된다.

3. 고교 정보 블라인드에서는 출신 고교 정보를 모두 삭제한다.

PART II

복잡한
대입 전형
완벽 정리

Chapter 1

대학수학능력시험

수능 시험의 특징

문·이과 통합 수학능력시험

2027학년도 대입 수능까지는 2022학년도 대학수학능력시험부터 적용된 문·이과 통합 수학능력시험으로 실시되는데, 간단히 말해 문과와 이과의 구분이 없다는 뜻입니다. 국어 과목이나 수학 과목 모두 문과와 이과의 구분이 없습니다. 두 과목 모두 공통과목과 선택과목의 구조로 바뀌면서 문·이과 구분 없이 수험생이 선택하는 개념입니다.

2022학년도부터 시작된 문·이과 통합 수학능력시험은 학생 선택권을 강화했다는 점이 특징입니다. 수능 시험 필수 과목인 한국사와 지금까지도 문·이과 공통과목인 영어 과목을 제외하면 학생들이 모든 과목을 선택할 수 있습니다. 국어는 독서와 문학이 공통 영역이고 화법과 작문, 언어와 매체 중에서 선택합니다. 수학은 수학 I, 수학 II가 공통 영역이고 확률과 통계, 미적분, 기하 중에서 선택합니다. 탐구과목은 문과와 이과 구분 없이 학생이 원하는 과목 2개를 선택합니다. 예를 들어 정치와 법과 물리학 I을 동시에 선택할 수 있다는 뜻입니다. 물론 대학에서 요구하는 선택 과목 때문에 현실은 그렇지 않습니다.

다른 변화는 제2외국어/한문 영역에 절대평가가 적용된다는 점입니다. 50점 만점에 90%에 해당하는 45점만 획득하면 1등급을 받습니다. 결론적으로 국어, 수학, 탐구과목은 상대평가 방식이며, 영어, 한국사, 제2외국어/한문은 절대평가 방식으로 대학수학능력시험 성적을 산출합니다.

추가적인 변화로는 EBS 연계율이 기존 70%에서 50%로 축소되고, 영어 영역의 연계 방식은 모두 간접연계 방식으로 전환됩니다. 지문 전체 내용을 그대로 사용하지 않고 지문의 소재와 주제를 이용한다는 뜻입니다. 4교시 한국사와 탐구 영역 답안지가 분리되면서 한국사 시험과 탐구 영역 시험 사이에 시험지 교체시간이 10분에서 15분으로 늘어났습니다. 그러다 2009년생 아이들이 치르는 2028년 수능부터 이 체제가 바뀝니다.

2028 대입 수능 개편안

2028 수능 개편안은 크게 3가지 변화가 두드러집니다. 먼저, 수능 과목 체계가 바뀝니다. 국어와 수학에서 학생들은 이전까지의 공통과목과 선택과목을 고르는 체제를 벗어나 선택과목이 사라지고 공통과목으로만 응시합니다. 국어는 화법과 언어, 독서와 작문, 문학 과목에 대해서 시험을 출제하며 수학은 대수, 미적분 I, 확률과 통계가 시험 범위입니다. 사회와 과학은 통합사회와 통합과학으로 통합되며, 영어와 한국사, 제2외국어는 현행처럼 절대평가가 유지됩니다.

아울러 고교 내신 등급 방식도 5등급제로 개편됩니다. 고등학교 예체능 과목 등 일부를 제외하고 3년 내내 모든 과목이 절대평가와 5등급제 상대 평가로 진행됩니다. 1등급은 10%, 2등급은 24%, 3등급은 32%, 4등급은 24%, 5등급은 10%의 비율로 정해집니다.

마지막 변화는 서술형과 논술형 내신 평가의 확대입니다. 교육부에서는 논술형 및 서술형 문항만으로도 내신 평가가 가능하도록 지침을 개정하고 근거를 마련했습니다. 지식 위주의 암기 평가 방식을 최대한 배제하고 사고력과 문제해결력을 높이겠다는 취지입니다.

02 수능 시험 일정

주요 일정

대학수학능력시험은 매년 비슷한 일정으로 진행됩니다. 2017년 포항 지진이나 코로나 상황이라는 돌발적인 변수로 인해 대학수학능력시험이 연기된 것을 제외하면 항상 1년 단위로 정해진 시기에 수능 시험 일정이 진행됩니다. 2009년생 이후 출생 학생들이 수능을 치르는 2028년 이후 수능 시험 일정도 여기에서 크게 벗어나지 않습니다.

2025학년도 수능 시험 주요 일정

내 용	시 기
시행 기본 계획 발표	3월 28일(목)
6월 모의평가 실시	6월 4일(화)
시행 세부 계획 공고	7월 1일(월)
원서 교부, 접수 및 변경	8월 22일(목) ~ 9월 6일(금)
9월 모의평가 실시	9월 4일(수)
수능 시험일	11월 14일(목)
성적 통지	12월 6일(금)

※ 한국교육과정 평가원 홈페이지 발췌

6월, 9월 모의평가의 의미

한국교육과정평가원에서는 6월과 9월 두 번에 걸쳐서 모의평가를 실시합니다. 6월과 9월의 모의평가는 N수생의 성적도 함께 처리되기 때문에 전국연합학력평가와는 다른 중요한 의미가 있습니다. 지역교육청이 출제하는 전국연합학력평가와 달리, 실제 대학수학능력시험을 출제하는 교육과정평가원이 주관하는 시험이라는 점이 중요합니다. 11월 대학수학능력시험에 응시하는 N수생이 10만 명이라고 가정한다면, 6월 모의평가에서는 3만 명 정도, 9월 모의평가에서는 7만 명 정도의 학생이 응시합니다. 실제 N수생에는 대학에 재학 중인 반수생들도 포함되므로 6월과

9월 모의평가에 모든 N수생들이 응시하지는 않습니다.

6월과 9월 모의평가의 또 다른 중요한 의미는 학교 내신 성적 위주로 진학할 수 있는 수시 전형과, 수학능력시험 성적이 결정적인 정시 입시 전형에서 어느 전형이 적합한지 판단할 수 있는 잣대를 제공한다는 것입니다. 모의평가 성적을 기준으로 본인이 진학 가능한 대학을 가늠해 보고 수시 입시 도전 여부를 결정해야 합니다. 모의평가 성적을 토대로 수시 지원할 대학의 수능최저등급 충족 여부 및 정시 지원 가능 대학 수준을 가늠할 수 있습니다. 수시 입시 도전뿐만 아니라 모의평가 성적을 기준으로 본인이 수시 입시에서 지원할 대학의 최저 마지노선을 정합니다. 대학수학능력시험을 보고 정시로 충분히 진학할 수 있는 대학을 수시 입시부터 지원할 필요는 없습니다. 다만 6월과 9월 모의평가는 모든 N수생들이 응시한 시험이 아니므로, 11월 대학수학능력시험에서 받게 될 실제 본인의 성적은 다소 낮아질 수 있다는 사실을 고려해야 합니다.

수능 시험의 전후 절차

매년 7월경 교육과정평가원에서는 대학수학능력시험의 시행 세부 계획을 공고하는데, 이 내용은 3월에 공지했던 내용과 많이 다르지 않습니다. 이어서 대부분의 고등학교가 여름방학을 마치고 2학기가 시작되는 시점인 8월 말에서 9월 초 사이에 대학수학능력시험 원서 교부 및 접수가 이루어집니다.

대학수학능력시험이 11월에 치러지고 시험이 끝난 후 답안이 공개되며, 공개된 답안에 이의가 있을 때 한국교육과정평가원에 의견을 제시합니다. 이의 신청 기간에 한국교육과정평가원 전용 게시판을 이용해서 의견을 전달할 수 있습니다. 전문가 집단이 숙의 및 논의하여 최종 정답을 11월 말에 확정하여 발표합니다. 시험 직후 답안지는 채점단에게 이송되며, 학생 시험지는 수학능력시험을 시행한 학교에서 보관합니다. 극도의 정확성이 요구되는 성적 처리는 채점단이 답안지를 인수하면서 시작됩니다. 수험생 답안지를 개봉하고 이미지 스캐너를 이용하여 판독한 후 컴퓨터를 이용해서 성적 산출 작업을 진행합니다. 성적 처리 작업은 자료 확인, 성적통지표 출력의 순으로 약 1개월 동안 진행되어 12월 중 성적을 발표합니다.

03 수능 시험 과목 및 시험 시간

시험 과목

대학수학능력시험은 총 5교시로 시행되며 6개 영역으로 이루어져 있습니다. 4교시에 실시하는 한국사 영역은 모든 수험생이 응시해야 하는 필수 영역이며, 나머지 영역은 전부 또는 일부를 수험생 마음대로 선택하여 응시할 수 있습니다. 예를 들어 국어 영역 1개와 한국사 영역 1개만 선택할 수도 있습니다. 실제로 대학 입시를 치르는 대부분의 수험생들은 국어, 수학, 영어, 한국사, 탐구 영역 등 5개 영역에 선택하여 응시합니다. 5개 영역 응시자는 42,000원, 5교시 제2외국어/한문 영역에 응시하는 6개 영역 응시자는 47,000원의 응시수수료를 지불합니다.

2028학년도 이후 대학수학능력시험 과목

영역	평가 방식	출제 범위	배점
국어	상대평가	공통: 화법과 언어, 독서와 작문, 문학	100점
수학	상대평가	공통: 대수, 미적분 I, 확률과 통계	100점
영어	절대평가	영어 I, 영어 II	100점
한국사	절대평가	한국사	50점
탐구 사회·과학	상대평가	사회: 공통(통합사회) 과학: 공통(통합과학)	각 50점
제2외국어 및 한문	절대평가	독일어, 프랑스어, 스페인어, 중국어, 일본어, 러시아어, 아랍어, 베트남어, 한문	각 50점

국어, 수학, 영어, 한국사 영역의 문제지는 짝수형과 홀수형으로 제작되어 배부되며, 수험번호가 홀수이면 홀수형, 짝수이면 짝수형 문제지를 배부합니다.

수능 시험 시간 및 배점

시험 과목별로 각 문항의 점수는 문항의 난이도, 문제 해결에 소요되는 시간, 문항의 중요도 등을 고려하여 차등 배점합니다. 국어, 영어, 한국사, 탐구 영역은 2점과 3점으로 구성되고, 수학 영역은 2점에서 4점까지 차등 배점합니다. 제2외국어 및 한문 과목은 문항 수가 많아서 1점과 2점으로 배점합니다.

시험 시간 및 영역별 배점과 문항 수

교시	시험 영역	시험 시간	배점	문항수	비고
1	국어	08:40~10:00 (80분)	100	45	
2	수학	10:30~12:10 (100분)	100	30	단답형 30% 포함
3	영어	13:10~14:20 (70분)	100	45	듣기평가 문항 17개 포함 (13:10부터 25분 이내)
	한국사	14:50~15:20 (30분)	50	20	필수 영역
	한국사 영역 문·답지 회수 탐구 영역 문·답지 배부	15:20~15:35 (15분)			문·답지 회수·배부 및 탐구 영역 미응시자 대기실 이동
	공통사회	15:35~16:05 (30분)	50	20	
	시험 본 과목 문제지 회수	16:05~16:07 (2분)			문제지 회수 시간은 2분임
	공통과학	16:07~16:37 (30분)	50	20	
5	제2외국어/한문	17:05~17:45 (40분)	50	30	

※ 한국교육과정 평가원 홈페이지 발췌

수능 시험날 오전

08시 10분까지 시험장 교실에 입실을 마친 학생은 30분간 신분 확인, 컴퓨터용 사인펜 및 샤프펜 배부, 휴대전화 같은 휴대 금지물품 제출, 대학수학능력시험 응시 유의사항 교육 등의 과정을 거칩니다. 이때가 수험생이 가장 긴장하는 시간입니다. 평소에는 자신이 다니는 고등학교에서 모의고사를 편하게 치렀는데, 대학 수학능력시험 시험장에서는 감독관과 주변 학생이 모두 낯설기 때문에 새로운 환경에서 시험을 치러야 합니다. 신분증과 수험표, 배부 받은 필기도구를 제외하고 책을 포함한 모든 물품은 자기 가방 안에 넣어서 복도로 내놓아야 합니다.

1교시 국어 영역은 08시 40분에 시작하며, 80분 동안 45문제를 풉니다. 1교시는 가장 긴장되는 시간으로, 수험생들은 국어 영역 시험지에 있는 장문의 지문을 제한된 시간 동안 읽으면서 빠른 시간 내에 문항을 풀어야 합니다.

2교시 수학 영역에서는 100분간 30문항의 문제를 풀며, 수학능력시험 중 가장 오랜 시간 책상에 앉아서 시험에 집중해야 합니다. 유일하게 객관식이 아닌 단답형 문항 30%가 포함되어 있습니다. 단답형의 경우, 정수로 정답이 나올 수 있는 문제를 출제합니다. 정수로 정답을 낸다는 의미는 학생들이 정답을 수기로 적지 않고 객관식 문제와 마찬가지로 답안지에 컴퓨터 사인펜으로 마킹한다는 의미입니다. 예를 들어 정답이 '314'라면 컴퓨터 사인펜으로 답안지 해당 문항 번호의 '③①④' 칸에 차례로 마킹하면 됩니다.

수능 시험날 오후

점심시간 후 3교시는 영어 영역으로 13시 10분부터 70분간입니다. 영어 영역은 별도의 타종 없이 영어듣기평가 방송을 통해서 시작됩니다. 듣기평가는 25분 이내로 실시됩니다. 70분간 45문제를 풀어야 하는데, 17문제가 듣기 문항입니다. 답안지 마킹과 검토 시간으로 5분 정도를 제외하면 남은 28문제를 40여 분간 해결해야 합니다. 다른 영역에 비해서 문항당 문제 해결 시간이 가장 짧으므로 빠른 독해 능력이 필요합니다. 1, 2교시에 비해 긴장도 풀리고 점심 식사 이후 식곤증이 몰려오는 시간대이므로 어느 영역보다 집중력이 요구됩니다.

4교시에는 2가지 영역의 시험을 진행합니다. 필수 응시 영역인 한국사 영역과 탐구과목 영역입니다. 한국사는 필수 영역이지만 난도가 높지 않고 대학에서의 반영 비중이 낮아서 수험생들이 상대적으로 편하게 시험을 치릅니다. 수험생들은 30분간 한국사 영역 시험을 보고 15분 동안 쉬는 시간을 갖습니다. 하지만 이 15분은 자유롭게 쉬는 시간이 아니라 한국사 영역 문답지를 회수하고 탐구 영역 문답지를 배부하는 시간으로 쓰입니다.

2028 대입수학능력시험부터는 탐구 영역에서 모든 수험생들이 공통사회와 공통과학을 응시합니다. 2과목 시험 사이에 공통사회 시험 과목 문제지 회수 시간이 2분이므로, 총 탐구 영역 시험 시간은 62분이 됩니다. 대다수의 수험생들은 5교시를 선택하

지 않기 때문에 4교시까지 5개 영역을 선택한 수험생의 대학수
학능력시험은 16시 37분에 종료됩니다. 고사본부에서 답안지 확
인을 마친 후 이상이 없다는 방송이 나오면 수험생들은 본인이
제출한 전자기기를 돌려받고 귀가합니다.

5교시를 선택한 학생들은 17시 5분부터 40분간 제2외국어/
한문 영역 시험을 치르고 17시 45분에 시험을 마칩니다. 일반적
으로 대학에서는 최저등급을 적용할 때 사회 탐구 영역만 인정합
니다. 하지만 일부 대학에서는 제2외국어/한문 영역이 사회 탐구
영역을 대체할 수 있도록 허용합니다. 예를 들어 공통사회 과목
에서 5등급을 받았지만 한문 과목에서 1등급을 받았다면 공통사
회 대신 한문 성적을 수능최저등급 산정에 이용할 수 있습니다.
따라서 수험생들은 수시 입시에서 공통사회 성적을 대체할 수 있
어서 제2외국어/한문을 선택하기도 합니다.

아침부터 저녁까지 보는 수능 시험

하루 종일 시험을 보다 보면 수험생들은 쉬는 시간에 화장실
갈 시간을 놓치기도 합니다. 매 교시마다 시험 시간이 길다 보니
시험 보는 도중 화장실에 가고 싶을 때가 있습니다. 1분 1초가 아
까운 시험 시간이지만 생리 현상을 참게 되면 시험 문제에 집중
할 수 없습니다. 물론 시험 시간 도중에 화장실을 이용할 수 있습

니다만, 감독관의 허락을 받고 화장실을 이용해야 하지요. 수험생이 교실 감독관에게 조용히 손을 들고 화장실에 가겠다는 의사를 표현하면 복도 감독관에게 인계됩니다. 복도 감독관이 주머니를 뒤지면서 소지품 검사를 하지는 않지만 금속 탐지기를 이용해서 전자기기를 소지하고 있는지 점검을 합니다.

시험장에서는 동성 감독관을 배치해 여학생이 시험 보는 학교는 여교사가 복도 감독관을 합니다. 복도 감독관은 수험생을 화장실까지 동행하고 화장실에서 이용하는 칸까지 지정해 줍니다. 모든 조치는 혹시나 있을 수 있는 부정행위를 막기 위한 것입니다.

전체 수험생의 10% 내외는 5교시에 제2외국어/한문 영역을 선택합니다. 제2외국어/한문 영역은 2022학년도 대학수학능력시험부터 절대평가로 전환되었습니다. 수능최저등급을 산정할 때 탐구과목 성적을 제2외국어/한문 영역 점수로 대체할 수 있지만 제2외국어/한문 영역이 절대평가로 바뀌면서 이를 대학 입시에서 반영하는 대학 숫자가 대폭 줄었습니다. 반영 중요도가 낮다 보니 2022학년도 대학수학능력시험에서 제2외국어/한문 영역의 응시 인원 역시 20% 이상 대폭 줄었습니다.

그렇지만 차분한 시험장 분위기를 원하는 일부 학생들은 제2외국어/한문 영역을 전략적으로 응시하기도 합니다. 제2외국어/한문 영역 시험 점수를 대학 입시에서 활용하려는 목적보다는 주로 상위권 학생들이 제2외국어/한문 영역을 준비하고 응시하기 때문에 시험장 분위기가 좋을 것이라는 기대감이 있기 때문입니다. 그래서 응시료는 내놓고 제2외국어/한문 시험은 보지 않고 가는 아이들이 꽤 있습니다. 5교시까지 응시한 수험생들은 17시 45분에 모든 영역의 시험을 마칩니다. 참고로 중증 시각장애 수험생 같은 시험 편의 제공 대상자에게는 1.5배의 시험 시간을 제공하므로 21시 내외에 대학수학능력시험이 종료됩니다.

수능 시험 성적표

수능 시험 성적표 보는 법

2028학년도 대학수학능력시험 예상 성적통지표(예시)

수험번호	성명		생년월일	성별	출신고교(반 또는 졸업연도)		
12345678	홍길동		09.08.22.	남	한국고등학교(9)		
영 역	한국사	국어	수학	영어	공통사회	공통과학	제2외국어/한문
표준 점수		131	135		59	66	독일어 I
백분위		93	95		75	93	
등 급	2	1	2	1	4	2	2

2027. 12. 6. 한국교육과정평가원장

※ 한국교육과정평가원 홈페이지 발췌

절대평가 과목별 석차비율 및 석차 등급 분할 원점수

석차 등급	석차비율	석차누적비율	영어 (100점 만점)	제2외국어/한문 (50점 만점)	한국사 (50점 만점)
1등급	4%	4%	90	45	40
2등급	7%	11%	80	40	35
3등급	12%	23%	70	35	30
4등급	17%	40%	60	30	25
5등급	20%	60%	50	25	20
6등급	17%	77%	40	20	15
7등급	12%	89%	30	15	10
8등급	7%	96%	20	10	5
9등급	4%	100%	20미만	10미만	5미만

대학수학능력시험은 영역/과목별 표준 점수, 백분위, 등급을 제공합니다. 단, 영어 영역, 한국사 영역, 제2외국어/한문 영역의 경우에는 절대평가이므로 등급만 제공됩니다.

- 표준 점수와 백분위는 소수 첫째 자리에서 반올림한 정수로 표기한다.
- 영역/과목별 등급은 9등급제를 적용한다.
- 한국사, 국어, 수학, 영어, 탐구, 제2외국어/한문 등으로 수험생이 응시한 영역을 구분하여 표시한다.

대학수학능력시험 성적표에는 수험생이 획득한 점수, 즉 원점수를 제공하지 않습니다. 그 이유는 각 영역이나 과목에 응시하는 수험생이 서로 다르기 때문에 영역이나 과목 간에 난이도를 일정하게 유지하는 것이 어렵기 때문입니다. 원점수는 수험생이 몇 점을 받았는지에 대한 정보만 보여줄 뿐 수험생 간 상대적인 비교가 어렵습니다. 따라서 집단의 특성을 고려하여 수험생별로 의미 있는 해석이 가능한 표준 점수를 수험생에게 제공합니다.

백분위와 표준 점수

등급은 영역이나 과목별 표준 점수에 근거하여 수험생을 9등급으로 나눈 후 수험생이 속해 있는 해당 등급을 표시합니다. 백분위는 영역이나 과목 내에서 수험생의 상대적 서열을 나타내는 수치입니다. 등급은 영역이나 과목별로 표준 점수를 기준으로 계산되므로, 백분위가 같더라도 표준 점수가 다른 경우 등급은 달라질 수 있습니다. 예를 들어 수학 영역에서 학생 A의 표준 점수는 133점에 백분위는 95.8이고, 학생 B의 표준 점수는 134점에 백분위는 96.3인 경우를 가정해 보겠습니다. 대학수학능력시험 성적표에는 정수만 표기되므로, 두 학생의 백분위는 96점으로 동일합니다. 하지만 등급은 표준 점수에 따라 달라지므로, 134점이 1등급 구분점수라고 할 때 학생 A은 2등급, 학생 B은 1등급이라는 성적표를 받아듭니다.

절대평가인 영어와 제2외국어/한문은 각각 90% 점수에 해당하는 90점과 45점이 1등급 점수가 됩니다. 영어 영역이라면 원점수가 100점이든 90점이든 상관하지 않고 90점만 넘으면 1등급이라는 등급만 표시됩니다. 한국사는 80%에 해당하는 40점이 1등급 구분 점수가 됩니다.

수능 시험 성적통지표는 원서를 접수한 장소에서 배부합니다. 재학생은 현재 재학 중인 고등학교에서 받고, 졸업생은 출신 고등학교에서 배부 받을 수 있습니다. 성적통지표를 분실한 경우 대학수학능력시험 성적증명서 발급시스템(https://csatreportcard.kice.re.kr)에서 온라인으로 발급받을 수 있습니다.

05

수능 시험에서 유의할 점

대학수학능력시험의 응시원서 접수 기간은 전국 공통이며, 기간을 넘겨서는 절대 접수할 수 없습니다. 응시원서, 여권용 규격 사진, 응시 수수료를 필수적으로 제출해야 합니다. 수험생이 응시 영역을 바꾸고 싶으면 원서를 접수한 장소를 방문해 변경할 수 있습니다. 단, 접수 기간 내에만 가능하며 접수 기간 후에는 어떠한 변경이나 수정도 할 수 없습니다.

수능 시험 준비물

수험표와 신분증은 필수적으로 지참해야 합니다. 수험표는 9월에 대학수학능력시험을 접수한 내용을 토대로 수학능력시험 전날 오전에 원서 접수한 장소에서 받을 수 있습니다. 일반적으로 재학생이든 졸업생이든 본인의 출신 고교로 가면 됩니다. 신분증은 주민등록증, 여권, 운전면허증 같은 공인 신분증이면 신분 확인용으로 이용할 수 있습니다.

시험장에 갈 때는 점심 도시락을 준비해야 합니다. 시험장에서는 매점이나 학생 식당을 운영하지 않을 뿐만 아니라, 외출해서 시험장 밖에서 식사를 하고 다시 돌아올 수도 없습니다. 3교시 영어 영역 시험 시간에 듣기평가를 할 때 졸릴까 봐 식사를 안 하는 수험생도 간혹 있기는 합니다.

개별 위생을 신경 쓰는 학생은 시험장에 설치되어 있는 정수기 물보다 자신이 마실 물을 담은 보온병이나 생수를 준비해도 됩니다. 초콜릿 같은 간식류는 시험 시간에는 섭취할 수 없지만 쉬는 시간에는 집중력을 높이기 위해 먹을 수 있습니다.

아날로그 시계 준비

흑색 연필, 지우개, 샤프심, 시침과 분침만 있는 아날로그 시계도 준비하면 도움이 되는 물품입니다. 특히 개인 시계는 꼭 필요합니다. 대학수학능력시험일에는 모든 교실의 시계를 떼어냅니다. 각 시험장 교실에 설치되어 있는 시계가 모두 똑같이 맞춰질 리 없어서, 중앙 방송으로 종소리 타종으로만 시험 시간을 알려 주기 위한 조치입니다. 수험생 입장에서는 개인 시계가 없으면 남은 시험 시간을 정확히 알지 못해서 많이 답답할 수 있습니다. 꼭 기억해야 하는 점은, 전자 시계는 허용되지 않으며 시침과 분침만 있는 아날로그 시계만 가능하다는 사실입니다.

시험 당일 필수적인 물품은 모두 시험장에서 배부합니다. 컴퓨터 사인펜과 샤프펜은 개인별로 나눠 줍니다. 수정 테이프도 시험장 교실마다 넉넉히 준비되어 있습니다. 시험 시간도 방송으로 남은 시간을 알려 주며 궁금할 때마다 감독관에게 문의할 수 있습니다. 수험표를 분실하거나 집에 놓고 온 경우에는 시험 시작 전 시험장 학교에 설치되어 있는 고사 본부에 가면 신원 확인 후 임시 수험표를 발급해 줍니다. 심지어 신분증이 없는 경우에도 고사 본부에 가면 수험생의 고등학교에 연락해서 신분을 확인해 줄 수 있습니다. 각 고등학교에서는 3학년 담당교사 한두 명이 만약의 사태에 대비해서 대기하고 있습니다.

늦어도 8시 40분까지 입실해야 한다

대학수학능력시험 당일 시험실 입실 시간은 08시 10분까지입니다. 08시 10분이 입실 마감 시간이긴 하지만, 실제 1교시 국어 영역 시험 시작 시간은 08시 40분입니다. 다른 시험 영역과 달리 1교시 때는 준비 시간이 많이 필요합니다. 감독관은 08시 10분에 정확히 입실하여 수험생에게 유의사항도 전달하고 컴퓨터 사인펜과 샤프펜도 배부하고 수험생이 가져온 전자기기도 하나씩 확인하며 수거해야 합니다. 따라서 08시 10분에 입실 완료라고 안내하지만, 08시 40분 이전에 시험장 교실에 입실한다면 1교시부터 시험 응시가 가능합니다. 하지만 08시 40분 이후에는 절대로 입실할 수 없습니다. 다른 모든 영역의 시간에도 시험이 시작한 후에는 어떠한 경우에도 입실할 수 없습니다.

수능 시험에서는 작은 실수도 치명적이다

수능 시험에서 전자기기 소지는 가장 금지하는 사항입니다. 몇 년 전 브로커들과 학원 교사들이 전자기기를 이용해서 수험생에게 정답을 전달하는 부정행위를 저질러서 뉴스에 크게 보도된 적이 있었습니다. 실제로 이런 극단적인 부정행위 사례는 거의 없지만, 만약을 대비해 시험장에서는 전자기기를 이용한 부정행위 가능성을 철저히 차단하기 위해 노력합니다.

시험장 반입 금지 물품 목록	휴대전화, 스마트기기(스마트워치 등), 디지털 카메라, 전자사전, MP3 플레이어, 카메라 펜, 전자계산기, 라디오, 휴대용 미디어 플레이어, 통신·결제 기능(블루투스 등) 또는 전자식 화면 표시기(LCD, LED 등)가 있는 시계, 전자담배, 통신(블루투스) 기능이 있는 이어폰 등 모든 전자기기

하지만 현실에서는 거의 모든 수험생이 휴대전화는 가지고 시험장에 옵니다. 휴대전화를 포함한 모든 시험장 반입 금지 물품은 1교시 시작 전에 감독관에 제출해야 하며, 미제출시 부정행위로 처리됩니다.

전자기기 관련해 가장 많이 발생하는 부정행위는 수험생 본인이 의도치 않은 경우입니다. 한 수험생이 대학수학능력시험일에 평소에 입지 않은 옷을 입고 갔는데, 옷 주머니에 예전에 쓰던 휴대전화가 들어 있던 경우가 있었습니다. 작은 블루투스 이어폰은 괜찮겠지 하면서 바지 주머니에 넣고 있다가 적발된 적도 있습니다. 휴대전화를 감독관에게 제출하지 않고 본인 가방에 휴대전화를 끈 채로 넣어뒀는데, 다른 수험생의 휴대전화가 가방에서 울리자 주변 가방을 점검하는 과정에서 같이 적발되는 경우도 있었습니다. 이런 예는 작정하고 부정행위를 하려는 의도는 전혀 없었지만 의도치 않게 부정행위자로 몰리는 경우입니다.

의도성과 별개로 소지 금지 물품을 갖고 있는 경우 무조건 부정행위자가 될 수 있으므로 주의해야 합니다. 복도 감독관은 항상 금속탐지기를 소지하고 있으며, 수험생이 화장실 이용 시 휴대 물품을 검사할 수 있습니다. 시험 시간에 전자기기를 사용하지 않고 쉬는 시간이나 점심시간에 교실이나 화장실에서 전자기기를 사용해도 부정행위자로 불이익을 받을 수 있습니다. 감독관이 적발하기보다는 주변 수험생들이 전자기기를 사용하는 모습을 보고 신고하는 사례가 많습니다.

대학수학능력시험

1. 국어와 수학은 선택과목 없이 공통과목을 치르는 '통합형 수능'으로 출제된다.

2. 탐구 영역 또한 계열 구분 없이 모든 학생이 공통사회와 공통과학 시험을 치른다.

3. EBS 연계율은 50%로 축소되었으며 간접연계 방식으로 출제한다.

4. 6월과 9월 모의평가는 수능 시험의 방향을 알려 주며 대학 입시의 잣대가 된다.

5. 한국사 영역은 절대평가로 시행되며 필수 응시 영역이다.

6. 성적표에는 원점수 없이 표준 점수, 백분위, 등급만 표시되며, 절대평가인 영어, 한국사, 제2외국어/한문은 등급만 표시된다.

7. 시험장에서는 쉬는 시간이라도 전자기기를 소지하거나 이용하면 안 된다.

Chapter 2

수시

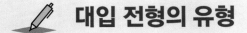 대입 전형의 유형

'대입 전형'이란 각 대학교에서 여러 기준을 만들어 성적이나 인성 등을 판단하여 우수한 학생을 뽑는 과정을 말합니다. 단순히 구분하면 대학생이 되는 방법은 수시와 정시, 크게 두 가지입니다. 정시는 대학수학능력시험(수능)을 치르고 진학하는 방법이고, 수시는 3년간 학교 내신 성적이나 자신의 다양한 능력과 실적을 평가받고 진학하는 방법입니다. 학생들은 수시 모집에서 6번, 정시 모집에서는 3번의 지원 기회가 있습니다.

대략 수험생 10명 중 8명은 수시로 대학을 가고, 2명 정도가 정시로 대학에 진학합니다. 하지만 이런 비율은 단순히 수치상일 뿐이고, 고3 재학생이 일반적으로 N수생과 경쟁하여 수능 시험을 잘 보기는 쉽지 않아서 실제로 일반고에서는 수시로 대학에 가는 비율이 월등히 높습니다. 2027학년도 수능까지는 80%가

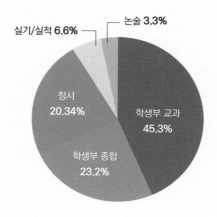

실기/실적 6.6%　　　　논술 3.3%

정시
20.34%

학생부 교과
45.3%

학생부 종합
23.2%

2025 대입 전형 유형별 모집인원

넘는 수시 선발 인원 중에서 학생부 교과 전형으로 약 45%, 학생부 종합 전형으로 약 25%를 선발합니다. 논술 전형으로 약 3%, 실기 위주 전형으로 약 8%를 선발합니다. 매년 비율은 조금씩 바뀌지만, 극적으로 변하지는 않습니다. 그러나 2028년 대입 전형부터는 내신등급이 9등급에서 5등급으로 전환되기 때문에 학생부 교과 전형에 변화가 있을 것으로 내다보고 있습니다.

　일반 학생을 기준으로 생각한다면, 수시 전형 중에서는 교과 전형과 학생부 종합 전형, 논술 전형이 중요합니다. 논술 전형은 선발 인원이 많지 않지만, 학생 본인의 교과 성적에 비해 상위권 대학에 입학할 수 있는 기회가 되어서 경쟁률이 굉장히 높습니다. 경쟁률은 매해 달라지긴 하지만, 학생부 교과 전형은 7대1 내외, 학생부 종합 전형은 8~9대1, 논술 전형은 40대1 정도입니다.

수시, 특히 학생부 종합 전형이 사교육과 부모 찬스를 유발하는 경우가 많다는 지적이 있었습니다. 교육부에서는 공정성 확보 방안으로 서울에 있는 상위 16개 대학 정도는 2023학년도 입시부터 정시 비중을 40%까지 늘리라는 지침을 발표한 바 있습니다. 2025학년도 대학 입시에서 서울대는 정시 비중이 약 38%를 차지하며, 연세대는 41%이고 고려대는 40%로 확대하였습니다.

정시 비중을 높이는 16개 대학 (가나다 순)	건국대, 경희대, 고려대, 광운대, 동국대, 서강대, 서울시립대, 서울대, 서울여대, 성균관대, 숙명여대, 숭실대, 연세대, 중앙대, 한국외대, 한양대

학생부 종합 전형

팔방미인 모여라

학생부 종합 전형은 다양한 능력을 갖춘 학생들의 가능성과 능력을 평가하기 위해 도입한 종합적인 평가 제도입니다. 교과 성적을 포함한 모든 기록이 담겨 있는 학교생활기록부가 주된 평가 대상입니다. 따라서 숫자로 나타나는 교과 성적만 반영하지 않고, 학생이 3년 동안 만들어 온 학교생활기록부를 종합적으로 판단합니다.

대학마다 원하는 인재상이 다양하지만, 일반적으로 입학사정관은 대학에 제출된 학교생활기록부를 학업 역량, 전공 적합성, 인성, 발전 가능성의 4가지 평가 항목을 기준 삼아 자세히 검토합니다. 그리고 면접을 통해 실제 활동 일치 여부를 확인하고 인성이나 태도를 평가합니다. 입학사정관은 학교생활기록부를 검토하면서 수험생의 모습을 머릿속에 그려 본다고 합니다. 실제 면접을 통해 입학사정관이 떠올렸던 학생의 모습과 일치한다면 해당 수험생은 합격증을 받게 될 가능성이 매우 큽니다.

학생부 종합 전형은 3년간의 모든 학교 활동에 대한 평가이므로, 지속적이고 일관성 있는 활동이 중요합니다. 부모님에 이끌려 수동적으로 정해진 목표와 직업이 아니라 정말 스스로 하고 싶은 분야를 고등학교 입학 때부터 결정한 학생이 있다면 어떨까요? 막연하게 성실하고 적극적인 학생보다는 1학년 때부터 구체적인 관심 분야를 가지고 학교생활을 하는 학생이 학생부 종합 전형에서 좋은 결과를 얻을 확률이 높습니다. 아울러 학교생활 중에서도 교과 수업 시간에 충실하여 교과 수업과 학교 활동을 본인의 전공과 꿈에 연결해 다양한 활동을 3년 동안 해 온 학생은 누구보다도 좋은 평가를 받을 수 있습니다.

그렇지만 진로는 중간에 바뀔 수도 있습니다. 그럼 이렇게 중간에 바뀌면 크게 불리할까요? 3년간의 학교 활동의 종류와 방향이 중간에 변경되더라도 합격 가능성은 낮지 않습니다. 예를 들어 1학년 때는 정치외교학과에 진학하고 싶어서 정치 관련 동아리활동이나 정치 관련 독서활동을 많이 했는데 3학년 때 사회복지사로 꿈이 바뀐 학생은 일관성 없는 학생부로 인해 학생부 종합 전형에 지원하기 어려울까요? 아닙니다. 꿈이 바뀌고 활동 내용이 바뀌었다고 해서 일관성이 떨어진다고 보기보다는, 모든 학교생활에 적극적인 모습이 지속적이고 꾸준하다면 발전 가능성을 더 높이 평가할 것입니다. 모든 학교 활동에 적극적으로 참여하는 태도가 가장 중요하고 바람직합니다. 실제 고등학교 현장에서 관찰해 본 결과 3년 동안 1학년 때부터 같은 꿈을 꾸고 같은 목표를 향해 모든 활동을 하며 철저한 일관성을 보여주는 학생은 드문 편입니다.

어디에서나 환영받는 종합 전형 맞춤형 인재

취업 준비생이 대기업에 입사하기 위해 기업이 필요로 하는 인재상을 준비하고 해당 기업에 대한 해박한 지식을 갖추고 깊은 관심을 보인다면 인사담당자에게 좋은 인상을 심어 줄 수 있습니다. 마찬가지로 학생부 종합 전형을 준비하는 학생이 본인의 목표와 관련하여 관심 대학 사이트에 자주 방문하여 교육과정이나 목표 대학교에서 요구하는 대학 인재상을 평소에 충분히 이해하고 있다면 단순히 '저 대학에 갈 거야' 하고 생각만 하는 학생보다 높은 평가를 받을 확률이 높습니다.

예전에는 학교 선생님들이 '사위 삼고 싶은 학생', '며느리 삼고 싶은 학생'이라는 표현을 교사 추천서에 쓰는 일이 자주 있었습니다. 지금 같으면 부적절한 언행으로 비난받을지도 모르지만 그만큼 교사 관점에서 지켜볼 때 가까이 두고 싶을 만큼 다방면으로 예쁜 학생이라는 말입니다.

최상위 성적은 아니지만 학업 성적도 나쁘지 않으면서 교실 청소 같은 궂은일도 열심히 하며, 반장이나 동아리 회장을 하면서 통솔력도 보여줄 뿐 아니라 학교 행사에 몸을 사리지 않고 적극적으로 참가하는 학생은 선생님이 좋아하기 마련입니다. 소위 엄친아, 엄친딸 스타일의 학생은 일부러 만들려고 해서 만들어지는 게 아닙니다. 해당 학생에 대한 애정은 3년 동안 수십 명의 선생님들이 기록한 속이 꽉 찬 학교생활기록부에 고스란히 표현됩니다. 학교생활기록부에 기록되는 3년 동안의 활동에는 원칙적으로 학교 교육 활동 안에서 담임교사 및 교과 담당교사가 관찰한 내용만 기록할 수 있기 때문입니다.

짜릿한 역전승을 노린다면 학생부 종합 전형!

사실 말도 많고 탈도 많은 전형이 학생부 종합 전형입니다. 도입 초기에는 '입학사정관 전형'이라는 명칭으로도 불렸지만, 옛날 입시처럼 한 줄 세우기 평가 방식이 아니라, 단칼에 무 자르듯이 수치화할 수 없는 부분이 많아서 사교육과 부모님 찬스가 많이 개입될 수 있다는 말도 많습니다. 따라서 대입 공정성 방안 중 하나로 학생부 종합 전형으로 선발하는 인원을 줄이도록 유도하고 있습니다.

뒤에 설명할 학생부 교과 전형에서는 학생부 교과 성적만이 중요했다면, 학생부 종합 전형에서는 성적도 중요하지만 출결부터 행동발달 및 종합의견까지 모든 학생부 기록이 중요합니다. 대다수 대학에서는 기록 내용을 성적과 출결처럼 수치화해서 정량 평가하지 않고 정성 평가하는 방식을 채택하고 있습니다.

학생부 종합 전형은 교사와 학교, 수험생의 입장에서 본다면 양날의 검과 같습니다. 내신 성적이 높은 학생이 불합격할 수도 있고, 성적이 낮은 학생이 합격할 수도 있기 때문입니다. 고등학교에서 성적이 다른 학생들이 똑같은 학과에 지원했을 때, 교과 성적이 낮은 학생이 높은 학생을 누르고 합격하는 사례도 종종 나옵니다. 평균적으로 학생부 종합 전형은 교과 전형과 비교해서 0.5등급 정도 혜택을 본다고 합니다. 쉽게 말해서 평균 2등급 학생이 진학할 수 있는 대학을 2.5등급 성적의 학생이 다른 비교과적인 요소와 면접 등에서 본인의 부족한 성적을 딛고 짜릿한 역전승을 한다는 말입니다.

학생부 교과 전형

말 그대로 학교생활기록부(줄여서 '학생부'라고 함), 그중에서도 교과 성적이 가장 중요한 전형입니다. 입시 전형에서 학생부 비중이 50% 이상이면, 무조건 교과 전형으로 분류됩니다. 학생부 교과 전형은 크게 '학생부 100%(비교과 포함)' 전형과 '학생부+면접' 전형으로 나뉩니다.

'학생부 100%' 전형과 '학생부＋면접' 전형

학생부 교과 전형 중 '학생부 100%(비교과 포함)' 전형은 간단히 말해 고등학교 3년 동안의 성적만으로 대학에 진학한다는 뜻입니다. 이 전형에서 대학이 학생들에게 요구하는 자료는 학교생활기록부 하나입니다. 그중에서도 3년간의 과목 성적이 당락을 좌우하는 가장 중요한 핵심 요소입니다. 교과 성적을 제외한 동아리활동 같은 창의적체험활동이나 독서활동, 행동특성 및 종합의견 같은 항목은 대학 입학에 중요하지 않습니다. 단, 출결상황과 봉사활동 시간 등 정량화해서 수치화할 수 있는 항목들은 반영되지만, 이마저도 교과 성적 비중에 비하면 높지 않은 수준입니다. 내신 경쟁이 치열하고 학력이 높은 고등학교에서는 웬만해서는 좋은 내신 성적을 얻기 어려운데, 이런 학교에서 수능 시험 성적이 본인의 교과 성적보다 유리한 학생은 교과 전형으로 대학에 입학하려는 성향이 높지 않습니다.

'학생부+면접' 같은 교과 전형에서는 면접이 중요한 요소입니다. 면접 형태는 대학 지원 동기, 기본 소양, 인성, 태도 등을 평가하는 일반 면접입니다. 앞에서 소개한 학생부 종합 전형과 달리, 단순한 서류 확인이나 인성과 태도를 보는 경우가 대부분입니다. 따라서 성적이 현저히 떨어지는 학생이 면접을 특출나게 잘 봤다고 합격하는 경우는 많지 않습니다.

그러나 2028년도 대학 입시부터는 내신 성적 산출이 5등급제로 바뀌면서 교과전형에서 '학생부 100%'는 대폭 축소될 것으로 전망됩니다. 9등급제이던 내신이 5등급제로 바뀌면서 변별력 확보가 어려워졌기 때문입니다. 따라서 많은 대학들이 내신성적과 더불어 서류 정성평가를 도입할 것으로 예상됩니다. 서류 정성평가의 요소는 '세부능력 및 특기사항' 이른바 '세특'이 중요한 요소로 활용될 것입니다. 수험생들이 어떤 과목을 선택했고 과목의 성적과 더불어 수업 시간에 활동 내용을 기록한 '세특'은 중요한 평가 요소로 작용될 가능성이 높습니다. 아울러 5등급제 아래서 내신 성적 변별이 어렵다고 판단한 대학들은 수능 최저를 강화해서 최소한의 수학 능력이 있는 학생을 선발할 것으로 전망됩니다.

가장 확실한 대학 합격의 길

학생부 교과 전형 중 '학생부 100%' 전형은 성적과 학생부 기록 내용을 정량적으로 반영하므로 다른 전형에 비해 상대적으로 합격 가능성을 예측하기 편합니다. 수험생들이 과년도 커트라인 점수를 검색하고 지원하기 때문에 합격선이 거의 일정합니다. 대입 자료집이나 대학교 입학 홈페이지에서 과년도 입시 결과를 확인할 수 있습니다. 학생부 종합 전형에서는 비교과 요소도 많이 보고 정성적으로 평가하는 데다, 논술 전형에서는 논술고사 당일 논술 시험지에 풀어내는 능력이나 채점자의 기준에 따른 변동성으로 인해 합격 커트라인이 일정하지 않습니다. 하지만 교과 전형의 경우에는 합격선이 어느 정도 형성되어 있고 수험생들이 안정 지원하는 경우가 많아서 중복 합격자가 많습니다. 중복 합격한 학생은 한 군데 대학에만 등록해야 하므로 등록 포기가 많을 수밖에 없고 충원 합격률도 높은 편입니다.

다음은 2024년 한양대학교 교과 전형 입시 결과 표입니다.

모집단위	경쟁률	충원율	내신70%컷	내신평균
건축학부(자연)	7.0	183.3	1.33	1.3
건축공학부	5.4	280.0	1.37	1.39
건설환경공학과	6.7	185.7	1.4	1.42
도시공학과	5.0	240.0	1.44	1.44
자원환경공학과	6.3	66.7	1.48	1.46
융합전자공학부	4.6	311.0	1.23	1.23

※ 2024학년도 한양대학교 교과 전형 입시 결과(한양대학교 입학 홈페이지 발췌)

일선 고등학교 현장에서는 충원 합격률을 두고 '몇 바퀴 돈다'
라는 표현을 씁니다. 이 말은 예를 들어 20명 정원인 전형에서 예
비 번호를 받았던 20번까지 합격을 했다고 하면 한 바퀴 돌았다
고 합니다. 다른 말로, 충원율 100%라고 말하면 정원의 2배수까
지 합격했다는 말입니다. 사실 지방대 같은 경우는 다섯 바퀴 이
상 도는 경우도 많습니다.

내신 70%컷은 말 그대로 합격 학생 수 중 70% 학생의 성적
즉, 해당 학과에 100명의 합격생이 있다고 했을 때 70등 합격생
의 성적입니다. 매해 변동성이 있어서 정확히 100등의 성적만 참
고하여 지원할 경우 실패할 가능성이 있어서 여유 있게 70%나
80% 합격 커트라인을 공개하는 대학들이 많습니다.

학생부 교과 전형은 학생부 교과 성적을 중심으로 대입 전형이

진행되므로 교과 성적이 우수한 학생에게 유리합니다. 발표 등의 다양한 활동에 참가하는 역동적인 능력은 조금 떨어지지만, 묵묵히 본인 과제나 학업을 수행하는 조용하고 차분한 학생들이 주로 지원하는 유형이라고 보면 됩니다.

학생부의 출결과 봉사활동 같은 비교과 영역은 반영되지 않거나 반영되더라도 대부분 만점을 받으므로 영향력은 상당히 약합니다. 극단적으로 미인정 결석(예전에는 '무단 결석'이라는 용어를 사용했음)을 수십 번 하지 않은 이상 큰 영향력이 없습니다. 비율적으로 말하면 교과 전형 내에서 '학생부 100%' 전형이 약 60% 정도이며, '학생부+면접' 전형이 나머지 비율을 차지합니다.

수능 시험 성적이 좋으면 합격 가능성 Up!

학생부 교과 성적 중심으로 학생을 선발하면서 학생들의 기본 학습 능력을 파악하기 위해 수능최저학력기준(줄여서 '수능최저'라고도 함)을 요구하는 대학들도 많아지고 있습니다. 따라서 이들 대학의 경우, 학생부 교과 성적과 최저학력기준 통과가 매우 중요합니다.

대학에서는 수능최저등급 충족 여부를 계산하여 합격자를 발표합니다. 예를 들어 10명 입학 정원 학과에서 전형 결과 1등을 한 학생이라도 수능최저등급을 맞추지 못하면, 이 학생은 탈락하며 수능최저등급을 충족한 11등 학생이 합격합니다. 따라서 학생이 수능최저학력기준을 맞추게 된다면 실질 경쟁률이 낮아져서 합격 가능성이 상당히 커집니다.

수능최저학력 기준 적용 대학 (가나다 순)	가천대, 건국대, 경희대, 고려대, 단국대, 덕성여대, 동덕여대, 서울과학대, 서울시립대, 성균관대, 세종대, 숙명여대, 숭실대, 아주대, 인하대, 중앙대, 홍익대

이 전형에서는 고등학교 3년 동안의 성적이 가장 중요한 요소인데, 엄밀히 말하면 3학년 1학기까지 총 5학기의 성적이 반영됩니다. 수시 입시 기간이 보통 매년 9월부터 12월 사이라서 3학년 학년 말에 마무리되는 3학년 2학기 성적은 반영하고 싶어도 반영할 수가 없습니다. 실제로 고등학교 3학년 학생들은 내신 시험 중에서 3학년 1학기 시험을 가장 열심히 준비합니다. 1학기 성적만으로 3학년 전체 성적이 반영되므로 다른 학년 시험보다 상대적으로 더 열심히 대비하는 것이죠.

수시에는 6번의 기회가 있습니다. 6번의 기회를 학생부 교과 전형으로 활용할 학생이라면 적절한 배분이 필요합니다. 대체로 '2-2-2' 또는 '2-3-1' 전략을 많이 사용합니다. '2-2-2' 전략이란 상향 2개, 적정 2개, 하향 2개 전형에 지원한다는 표현입니다. 학생에 따라 공격적으로 상향 지원을 늘릴 수도 있습니다. 재수에 부담을 갖는 학생들은 하향 지원을 늘리기도 합니다. 안정적인 합격을 원한다면, 최소한 1, 2개는 하향 지원을 하는 편이 좋습니다.

수능최저학력기준을 적용하지 않는 대학에서는 수능 시험 이전에도 합격자 발표를 할 수 있습니다. 예를 들어 2024학년도 입시에서 한양대 교과 전형의 경우 수능 시험보다 한 달 정도 앞선 10월 24일에 최종 합격자를 발표했습니다. 하지만 수능최저학력기준을 적용하는 전형에서는 수능 시험 성적을 반영하여 수능 시험 이후 최종 합격자를 발표합니다.

논술 전형

짜릿한 경쟁을 느끼고 싶다면 논술 전형

　가장 많은 학생이 지원하고 가장 높은 경쟁률을 보이는 수시 전형이 바로 논술 전형입니다. 내신 성적은 좋지 않고 수능 모의고사 성적도 그렇게 잘 나오지 않지만 상위권 대학교에 가고 싶은 열망이 큰 학생들이 많이 노리는 전형이기 때문입니다. 이 학생들의 경우, 내신 성적으로는 학생부 종합 전형이나 교과 전형에 지원할 수 있는 대학이 본인이 목표로 하는 대학에 못 미치는 경우가 많습니다. 이 외에 수능 시험 이후에 논술고사를 보는 경우가 많아 보험처럼 지원해 뒀다가 시험 이후에 성적을 확인하고 시험을 보러 갈지 말지 결정하는 학생들도 많습니다.

　서울대와 고려대는 논술고사를 실시하지 않지만, 그 외의 상위권 대학에서는 논술 전형으로 학생들을 많이 선발하므로 학생들에게 인기가 많은 전형입니다. 약 1만 명 정도의 학생이 이 논술 전형으로 선발됩니다. 전체 대입 인원으로 보면 약 3%에 지나지 않지만, 실시 대학들의 면면을 보면 모두 서울이나 수도권 소재 유명 대학교가 포함되어 있어서 학생들이 많이 지원합니다. 평균 경쟁률은 매년 40대1 정도 됩니다. 가장 경쟁률이 치열한 곳이 의예과, 치의예과, 약학과인데, 2024학년도 인하대학교 의예과는 660대1을 기록할 정도로 치열합니다.

논술 전형은 앞에서 말한 학생부 교과 전형과 달리 충원율이 높지 않습니다. 매년 30%가 되지 않습니다. 중복 합격이 거의 없고 최초 합격자들이 꼭 다니고 싶은 대학교에 지원하는 경우가 많아서 예비번호를 받았다고 하더라도 추가 합격할 가능성은 크지 않습니다.

논술 전형에서 학생부는 중요하지 않다?

논술 전형은 '학생부+논술고사' 또는 '논술고사 100%'로 선발합니다. 그리고 최소한의 학업 수행 능력을 파악할 수 있는 수능 최저학력기준을 적용하는 대학들이 많습니다. 여기서 한 가지 중요한 점은 학생부 성적이 반영되는 경우가 많지만, 실질적으로 학생부 성적에 기본 점수를 많이 부여해서 학생부의 실질 반영률은 상당히 낮은 편입니다. 이론적으로는 논술고사만 잘 보면 내신 성적과 관계없이 합격할 수 있습니다. 하지만 실제 논술 실력만 뛰어나고 내신 성적이나 수능 시험 성적이 높지 않은 경우는 거의 없습니다. 학교생활도 충실히 하고 학업도 열심히 하는 학생이 논술에도 강하다는 의미입니다.

인문계열에서는 논술고사 유형으로 '언어논술'을 중심으로 통계나 수리 논술이 추가되기도 하고, 자연계열에서는 논술고사 유형이 '수학' 또는 '수학+과학'으로 구성됩니다. 인문계열 논술고사에서는 주로 사회적 쟁점이 되는 사안들에 대한 학문적, 철학적 사유를 자주 물어봅니다. 분석과 비교를 요구하며, 논술 제시문에 인문 사회적인 주제뿐만 아니라 그래프나 도표를 이용하기도 합니다. 자연계열 논술고사는 수리 논술과 과학 논술로 크게 구분되며 단원 통합적인 내용이 나오는 경우가 많아, 이해력과 분석력을 바탕으로 추론 능력과 문제 해결 능력을 평가합니다.

논술 전형에서 수능최저학력기준 적용 대학(가나다 순)	가톨릭대, 건국대, 경희대, 성균관대, 세종대, 숙명여대, 숭실대, 아주대, 이화여대, 인하대, 중앙대, 홍익대

실기/실적 전형

일반 학생들에게는 해당 사항이 없는 전형입니다. 말 그대로 실기를 준비하는 예체능 계열이나 특기자 전형을 말하며, 전체 대입 인원에서 약 5%를 차지합니다. 종류로는 특기자 중심전형 (어학 특기자, 인문 특기자, 과학 특기자), 음악 실기, 미술 실기, 체육 실기, 문화 실기 등이 있습니다.

실기/실적 전형은 대부분의 대학에서 수능최저학력기준을 적용하지 않습니다. 수험생의 해당 분야 특기 활동이나 역량을 단계별 전형을 통해 세밀하게 평가할 수 있다는 판단으로 보입니다. 학생부 종합 전형에서는 사교육을 유발할 수 있는 공인 어학성적이나 교외 수상 실적을 절대 활용할 수 없지만, 실기/실적에서는 수험생의 활동과 수상을 증명하는 다양한 실적 자료나 서류를 제출할 수 있습니다.

문학 실기/실적 전형은 각종 문예대회에서 수상한 실적이 매우 중요하므로 대학별로 인정하는 대회 목록을 확인해야 합니다. 어학 실기/실적 전형의 경우 공인 어학 성적이 기본 요소로서 중요하지만, 대학별로 해당 언어로 심층 면접을 보거나 에세이를 작성해야 하기도 합니다. 인문 특기자 전형의 경우 언더우드 학부를 선발하는 연세대학교 국제 인재 특기자 전형과 국제학부를 선발하는 이화여대 국제학 특기자 전형이 널리 알려져 있습니다.

　SW(소프트웨어) 특기자의 경우 정보 올림피아드와 같은 대회 수상 실적과 관련 서류를 제출하고 면접이나 실기를 준비해야 합니다. 과학 특기자는 관련 서류를 제출하고 관련 과목에 대한 깊은 이해를 바탕으로 심층 면접에 대비해야 합니다.

수시

1. 학생부 종합 전형에 지원하기 위해서는 풍성한 학생부를 만들기 위해 1학년 때부터 노력해야 한다.

2. 교과 전형에서는 3년간의 내신 성적이 가장 절대적이며, 수능최저등급을 충족할 경우 합격 가능성이 대폭 높아진다.

3. 경쟁률이 높지만, 상위권 대학을 목표로 하는 학생은 논술 전형을 눈여겨봐야 한다.

4. 어학, 과학, 음악, 미술, 체육, 소프트웨어 등 개별 능력이 뛰어난 학생은 실기/실적 전형에 도전해 본다.

Chapter 3

학교장 추천 전형과
특별 전형

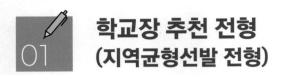

학교장 추천 전형
(지역균형선발 전형)

학교장 추천과 지역균형선발은 같은 개념이지만 명칭은 학교별로 다릅니다. 가천대는 지역균형 전형, 강남대는 학교장 추천전형, 동국대는 학교장 추천 인재 전형, 서울대는 지역균형 전형등으로 주로 지역균형 선발이나 학교장 추천 등의 명칭으로 운영합니다. 서울대와 가톨릭대 등 일부 대학을 제외하면 대부분 학생부 교과 위주로 신입생을 선발합니다. 2025학년도 기준으로학교장 추천 인원 제한이 있는 대학이 19개이고, 추천 인원 제한이 없는 대학이 31개, 그리고 3학년 재적 학생 수의 일정 비율을선발하는 대학이 4개입니다.

추천 인원 제한이 있는 대학교

학교장 추천 인원 제한 있는 대학교는 학교장 전형이 실시된 이래로 꾸준히 감소하고 있습니다. 예전에는 인문계열과 자연계열별로 추천 인원을 할당하는 대학이 있었지만 지금은 계열 구분 없이 고교별로 추천 인원을 제한하는 대학이 있습니다. 대표적으로 고려대는 12명, 서울시립대는 10명으로 제한합니다.

학교장 추천 전형에서는 시행 초기보다 학교장 추천 인원 제한도 많이 완화되었습니다. 인원수 제한이 아예 없는 대학이 전체 모집 대학의 절반이 훨씬 넘는 31개이며 인원수 제한을 두었다고 하더라도 경기대 20명, 서강대 20명, 경기대 20명, 한국외대 20명 등 서울대 2명 같은 예외적인 경우를 제외하고는 추천 인원수를 여유있게 설정하였습니다.

재적 학생 수의 일정 비율을 지정한 대학은 경희대, 한양대, 서울교대 등입니다. 경희대는 재적 인원의 5%, 한양대는 11%, 서울교대는 3%로 추천 인원을 제한합니다. 예를 들어 어느 고등학교 3학년 학생의 재적 인원이 300명이면 경희대는 15명까지 학교장 추천 전형으로 추천 인원을 선정할 수 있습니다.

학교장 추천 선정 과정

인원 제한이 있는 대학교의 학교장 추천을 위해서 각 고등학교는 학교별로 자체 규정을 마련하고 학생들에게 추천 순서를 부여합니다. 추천 인원에 못 미치게 학생들이 지원을 희망한다면 대부분 학교장 추천권을 부여합니다. 각 고등학교별로 실정에 맞게 학교장 추천 규정을 두고 있는데, 보통 3학년 1학기까지 내신 성적을 기준으로 추천 기회를 줍니다.

교과 성적 외에 비교과 영역도 반영하는 경우 수상 실적이나 봉사 실적 같은 비교과 요소를 추천 기준에 포함하는 고등학교도 있습니다. 최저학력기준을 요구하는 대학교라면 모의고사 성적을 토대로 수능최저학력기준을 충족하는지 여부를 따질 수도 있습니다. 따라서 재학 중인 고등학교의 추천 기준을 미리 확인하고 준비해야 합니다. 참고로 교과 전형에는 수능최저학력기준이 있는데 학교장 추천 전형에는 수능최저학력기준이 없을 수도 있습니다. 이건 대학마다 다 달라서 대학별 입시 요강 홈페이지에서 이런 조건들을 확인해야 합니다.

추천 인원이 남는다고 해도 학교 생활교육위원회의 처분을 받은 학생, 현저히 학업 능력이 낮은 학생 등 기타 학교장 추천 전형의 의미에 부합하지 않은 학생은 고등학교 학교장 추천 위원회에서 협의를 거쳐 추천하지 않을 수도 있습니다.

학교장 추천 인원 제한이 아예 없는 대학들은 건국대, 국민대,

세종대, 숭실대, 인하대 등입니다. 참고로 한양대는 학교장 추천 전형이 2가지입니다. 추천 인원 제한이 없는 대학은 학교장 추천이라는 절차가 형식적일 수밖에 없고 추천을 희망하는 모든 학생들은 대학 지원이 가능합니다. 단, 추천받기 희망하는 학생에게 고등학교 징계 이력 등 특별한 결격 사유가 있다면 해당 학생은 각 고등학교 학교장 추천 위원회에서 추천받지 못할 수도 있습니다. 한마디로 학교생활을 열심히 하지 않은 학생이 학교장 추천을 받고 대학에 지원하기는 어렵습니다.

졸업생도 학교장 추천에 도전할 수 있다

학교장 추천 전형은 대부분 졸업 예정자나 졸업생 모두 지원할 수 있습니다만, 경희대, 서강대, 서울대, 성균관대, 연세대의 경우 졸업 예정자만 지원 가능합니다. 소위 SKY대학이라고 불리는 대학은 재학생만 학교장 추천 전형에서 지원 가능합니다. 이화여대, 한양대, 중앙대, 경기대 등은 모든 졸업생이 아니라 재수생만 지원할 수 있습니다. 홍익대, 아주대, 숭실대 등은 삼수생까지 졸업생이 지원할 수 있습니다.

2025학년도 학교장 추천 졸업생 지원이 불가한 주요 대학교	고려대, 서강대, 서울대, 성균관대, 연세대, 경희대, KAIST, DGIST, GIST, 서울교대

졸업생이 학교장 추천을 받고 싶다면 먼저 관심 대학의 지원 자격을 확인해야 합니다. 출신 고등학교에 학교장 추천 전형을 신청해야 하므로 졸업한 고등학교의 규정도 함께 확인해야 합니다. 일반적으로 일선 고등학교는 대부분 재학생에게 우선권을 주는 규정이 있어서 졸업생은 재학생이 모두 신청한 후 남는 추천 인원에 배정되기도 합니다.

학교장 추천받기 쉬운 대학

추천 인원에 제한이 있더라도 경기대는 20명, 한양대는 고등학교 재적 인원의 11%, 한국외대는 20명의 추천 인원 제한이라서, 내신 성적이 비슷한 학생들이 지원한다고 보면 인원 제한이 큰 의미가 없을 정도로 추천 인원이 여유 있는 대학들입니다.

추천 인원이 상대적으로 적은 대학은 서울대, 동국대, KAIST 정도입니다. 서울대는 2명, 동국대는 8명, KAIST는 2명이 추천 제한 인원입니다. 서울대는 오랫동안 지역균형선발로 2명을 유지하고 있으며 문과와 이과 계열의 구분은 없습니다. 동국대는 8명이며 경희대는 5%의 인원 제한을 두고 있는데 추천 인원을 제한하지 않은 대학들이 늘어나는 추세입니다. KAIST, GIST, DGIST는 모두 추천 인원이 2명뿐이어서 미래의 과학 인재를 꿈꾸는 상위권 학생들의 경쟁이 치열합니다.

학교장 추천권은 합격증이 아니다

고등학교에서 학교장 추천 전형의 추천권을 받았다는 것이 대학교 합격을 의미하지는 않습니다. 학교장 추천 전형은 상대적으로 지원자 수가 많지 않고, 교과 성적대의 폭이 넓지 않습니다. 추천을 희망하는 학생이 적거나 본인보다 성적대가 높은 학생들이 추천권을 포기했다고 해서 무작정 학교장 추천 전형으로 지원해서는 안 됩니다. 면밀히 확인하지 않고 학교장 추천 전형에 지원하면, 오히려 다른 전형으로 합격할 수 있는 가능성을 버리면서 6회 수시 지원의 기회 중 한 번을 허비할 수도 있습니다.

지원하는 대학교의 경쟁 학생들의 내신 성적을 살펴보고 교과 성적 외 비교과 영역이나 면접 등을 따로 반영하는지도 꼼꼼히 확인해야 합니다. 수능최저학력기준 충족 여부도 살펴봐야 합니다. 최저학력기준을 적용하는 대학은 실질 경쟁률이 낮게 형성됩니다. 지원한 학생 중 수능최저학력기준을 충족 못하는 학생이 분명히 나오기 때문에 수능최저학력기준만 충족한다면 합격 가능성은 매우 커집니다. 매년 입시 결과를 돌이켜보면 수능최저학력기준을 충족하면 내신 성적이 좋지 않더라도 추가 합격으로 대학에 진학하는 학생들이 많습니다.

농어촌 특별 전형

농어촌 특별 전형이란 말 그대로 농어촌 지역 학생들을 대학 입시에서 특별 전형으로 선발하는 전형입니다. 농어촌 특별 전형 은 농촌 지역이 도시 지역에 비해 교육환경이 떨어질 수밖에 없 으니 대입 경쟁에서 불리하다는 현실에서 출발했습니다. 해당 수 험생들은 농어촌 전형을 잘 활용하면 도시 학생들에 비해 성적이 약간 부족하더라도 상위권 대학에 진학할 수 있습니다.

자격 조건

농어촌 특별 전형에 지원하기 위한 조건이 과거에는 3년 동안 읍, 면에 해당하는 농어촌에 거주하는 것이었습니다. 그래서 3년 거주 조건을 이용해서 3년만 일부러 읍, 면 지역으로 이주하여 농어촌 전형으로 대학에 입학하는 학생들도 꽤 있었다고 합니다. 현재 농어촌 전형 지원 자격에는 2가지 유형이 있습니다.

유형 1	유형 2
농어촌 지역(행정구역상 읍, 면) 소재 중·고등학교에서 **6년**(중학교 입학부터 고등학교 졸업까지) 동안 모든 교육과정을 이수하고, **본인과 부모가 모두** 농어촌 지역에서 거주한 자	농어촌 지역(행정구역상 읍, 면) 소재 초·중·고등학교에서 **12년**(초·중·고 전 교육과정을 입학부터 졸업까지) 동안 모든 교육과정을 이수하고, 초·중·고 재학 기간 중 **지원자 본인만** 농어촌 지역에서 거주한 자

농어촌 전형은 정원 외로 4%를 선발합니다. 정원 내 고른 기회 전형에서도 농어촌 전형 자격 학생을 포함하여 선발하고 있다는 사실도 기억하면 좋습니다.

전국 대학에서 뽑는 농어촌 전형의 비중이 가장 높은 입시 전형은 수시에서 학생부 교과 전형과 학생부 종합 전형입니다. 하지만 학생들이 선호하는 서울권 대학 정원으로 본다면 50% 이상을 정시에서 선발하고 있으며, 서울 상위권 대학으로 좁히면 약 70% 인원을 정시 입시에서 선발합니다. 서울권 대학에서 두 번째로 중요한 전형은 학생부 종합 전형입니다.

정시를 노리자

농어촌 전형 정시 경쟁률은 상대적으로 낮은 편입니다. 경우에 따라 모집 정원에 못 미치는 수험생들이 지원하기도 해서 정시 입시에서 입시 커트라인도 낮아지는 추세를 보이고 있습니다. 서울 상위권 대학에서 농어촌 전형은 정시 비중이 압도적으로 높기 때문에 수학능력시험을 착실히 준비해야 합니다. 정시 경쟁률이 높지 않은 편이고 추가 합격 가능성이 높아서 커트라인 하락이 예상됩니다. 농어촌 특별 전형으로 입시를 준비하는 학생들은 수시에서 무조건 빨리 합격하기 위해 하향 지원하지 말고 정시 입시에서 승부를 보겠다는 자세를 가지길 추천합니다.

정시 입시 전형 이전에 농어촌 전형을 통해서 상위권 대학에 합격을 원하는 수험생들은 수시 입시에서 학생부 종합 전형을 노려볼 만합니다. 농어촌 전형에서 정시가 중요하긴 하지만 그렇다고 종합 전형 기회를 날릴 필요는 없지요. 내신 성적의 중요성이 높아지면서 교과 세부능력 및 특기사항의 비중도 중요합니다. 아울러 다음에 설명할 고른 기회 전형에서 농어촌 전형도 고려하는 전략을 생각해 봐야 합니다.

고른 기회 전형

03

고른 기회 전형은 '차등적인 교육적 보상기준에 의한 전형이 필요한 자를 대상으로 하는 선발' 전형이라고 규정하고 있습니다. 용어 그대로 공평하게 기회를 골고루 준다는 개념입니다. 고른 기회 전형은 '정원 내 선발'과 '정원 외 선발'로 구분하여 선발합니다.

자격 기준과 선발 인원

고른 기회 전형 선발에 해당되는 자격 기준은 기초생활 수급자, 차상위계층, 한부모가족지원 대상자, 농어촌 학생, 국가 보훈 대상자, 장애인 대상자, 서해5도 학생, 만학도, 지역 인재 등입니다. 이 전형은 하나의 자격 기준을 가지고 선발하거나 여러 자격 기준을 합쳐서 한 번에 선발하기도 합니다.

수시 모집에서 정원 내 고른 기회 전형은 2024학년도 32,810명에서 2025학년도 33,686명으로 소폭 증가했습니다. 정시 모집에서 정원 내 고른 기회 전형도 3,624명에서 3,738명으로 증가했습니다. 상대적으로 고른 기회 전형은 수시에서 선발하는 비중이 높기 때문에 수시 입시부터 도전해야 합니다.

2025학년도 서울 주요 대학교 고른 기회 전형 모집 현황

대학	전형유형	전형	국가보훈	기초생활	차상위	한부모	농어촌	서해5도	만학도	장애인	모집인원
고려대	종합	기회균등-고른 기회	○	○	○	○	○	×	×	×	199명
연세대	교과	고른 기회	○	○	○	○	○	×	×	×	197명
홍익대	종합	고른 기회 I, II	○	○	○	○	○	×	×	○	39명

유불리는 지원자의 몫

전체 대학 인원을 합치면 모집 인원이 꽤 많지만, 각 대학별 학과별 인원으로 본다면 이 전형에서는 소수의 인원만을 선발합니다. 정원이 적은 학과는 1, 2명을 선발할 수도 있습니다. 지원 자격에 해당된다면 충분히 노려볼 만한 전형이지만, 전형마다 지원 자격이 제각각이라서 미리 각 대학별 모집 요강을 꼭 확인해서 지원 자격이 되는지부터 점검해야 합니다.

　고른 기회 전형은 모집 인원이 상당히 적어서 어떤 경우에는 다른 일반 전형보다 경쟁률이 더 치열하고 합격 커트라인도 높을 수 있습니다. 소수의 수험생이 지원하기 때문에 매년 합격 커트라인이 일정하지 않을 때도 많아, 합격선이 낮을 것이라는 기대가 깨질 수도 있습니다. 지원한 수험생 앞에 성적이 우수한 학생이 한두 명만 지원하면 합격은 멀어질 수 있습니다. 고른 기회 전형이 무조건 유리하지 않기 때문에 수험생 본인의 판단이 중요합니다.

학교장 추천 전형과 특별 전형

1. 학교장 추천 전형으로 신입생을 선발하는 대학이 서울 소재 대학과 수도권 대학에 다수 있으므로 적극적으로 지원을 고려한다.

2. 학교장 추천 전형에서 추천 인원의 제한 유무, 수능최저등급 적용 여부를 고려하여 지원 전략을 세운다.

3. 농어촌 특별전형의 자격 요건에 부합되는지 체크하고, 정시 입시 지원에 중점을 두되 수시 학생부 종합 전형의 기회도 노려 본다.

4. 고른 기회 전형은 자격 조건이 된다면 적극적으로 지원을 생각하되, 선발 인원이 적은 경우 다른 일반 전형과 유불리를 따져 본다.

Chapter 4

―――――

정시

01 수능 시험

정시에서 핵심 요소는 뭐니 뭐니 해도 수학능력시험 성적입니다. 2022학년도 대학 입시부터 전국적으로 모집 인원이 확대되어 약 20% 넘게 정시 입시에서 학생을 선발합니다. 하지만 서울에 있는 주요 대학은 정시 입시에서 약 40% 정도를 선발하기 때문에 비중이 상당히 높은 편입니다.

수학능력시험에 응시하는 학생 중 재학생 비율은 약 70%, 소수의 검정고시생을 포함하여 N수생의 비율이 약 30%입니다. 수학능력시험 응시 비율과 달리 대학 입시에 재도전하는 N수생들이 많이 합격하는 전형은 정시 전형입니다. 수학능력시험을 보는 비율은 재학생이 훨씬 높지만 정시 입시에서는 N수생이 많이 합격한다는 뜻입니다.

한양대학교를 예를 들면 수시 입시에서 합격 등록자는 재학생이 75%가량이고, 졸업생은 25%에 불과합니다. 반대로 정시 입시에서 재학생은 20% 정도 합격하고 졸업생이 80% 가까이 합격하는 모습을 보입니다. 흔한 말로 '재학생은 수시, 졸업생은 정시'라는 이야기가 맞는 표현입니다.

정시 입시의 과정

다음 표는 2025학년도 정시 입시 전형 일정입니다. 해마다 날짜는 조금씩 달라지겠지만 이 흐름을 크게 벗어나지 않으니 참고하시면 됩니다.

정시 입시는 대학수학능력시험 응시부터 시작합니다. 수험생들은 수능 시험을 치르고 약 한 달 후에 성적표를 받습니다. 성적표가 나오면 수능 시험 성적을 토대로 학교 담임교사와 학부모님

2025학년도 정시 입시 전형 일정

구분	기간
2025학년도 대학수학능력시험 실시	2024년 11월 14일
대학수학능력시험 성적 발표	2024년 12월 6일
정시모집 원서 접수	2024년 12월 31일 ~ 2025년 1월 3일
정시모집 전형 기간	2025년 1월 5일 ~ 2월 1일
정시모집 합격자 발표	2025년 2월 7일까지
정시모집 합격자 등록	2025년 2월 10일 ~ 12일

들 간 상담을 거쳐 대학을 선택합니다.

최종적으로 정시 지원 대학 가군, 나군, 다군에서 지원할 3곳을 정하고 연말 연초에 정시 원서를 냅니다. 그리고 약 한 달이라는 정시 모집 전형 기간 동안 수험생들의 성적이 산정됩니다. 실기를 치르는 예체능계열을 제외하고는 정시 모집 전형 기간은 일반 학생에게는 실질적인 의미가 없습니다.

각 대학교에서는 2월 초 정시 모집 합격자를 발표하고, 수험생들은 합격한 대학 중에서 심사숙고하여 한 군데 대학에 등록하면 됩니다. 합격자 등록 기간이 끝난 후 정원을 못 채운 대학들은 예비 순번 수험생에게 차례대로 연락하기 때문에 원하는 대학의 합격 통보를 받지 못한 수험생들은 2월 말까지 합격자 발표에 안테나를 세우고 있어야 합니다.

정시 입시의 변화

수시와 정시의 비율은 해마다 조금씩 바뀌는데, 최근에는 정시 비중이 늘어나는 추세입니다. 특히 학생들의 선호도가 높은 서울권 대학들의 정시 선발 비율의 상승이 눈에 띕니다.

교육부가 수능 시험 위주의 정시 전형 비율을 확대하라고 많은 대학에 권고하면서 정시 비율이 많이 늘어났습니다. 학생부 종합 전형과 논술 전형의 비율이 높았던 서울권 16개 대학(건국대, 경희대, 고려대, 광운대, 동국대, 서강대, 서울시립대, 서울대, 서울여대, 성균관대, 숙명여대, 숭실대, 연세대, 중앙대, 한국외대, 한양대)의 정시 비중이 2028년도 대학 입시까지 40% 이상으로 유지될 전망입니다.

정시 지원 방법

정시 전형을 통해서 대학에 진학하고자 하는 수험생들은 우선 본인의 지원 성향을 스스로 파악해야 합니다. 본인이 처한 상황별로 전략이 달라지기 때문입니다.

'나는 절대 재수 못해. 점수에 맞춰서 어떻게든 올해 꼭 대학에 갈 거야'라고 생각하는 수험생과 '점수 맞춰서 무조건 낮은 대학에 갈 수는 없어. 재수를 하더라도 내가 꼭 가고 싶은 대학에 가고 싶어' 하는 수험생의 전략은 달라질 수밖에 없습니다. 정시 입시에서는 가군, 나군, 다군 총 3번의 기회가 있는데, 안정적인 지원을 할지 공격적인 지원을 할지를 결정해야 합니다.

재수 생각 없이 무조건 진학하겠다고 결정한 수험생은 3번의 정시 지원 기회 중 대학 2곳은 확실하게 안정 지원을 해야 합니다. 재수를 염두에 두고 있는 수험생이라면 가군, 나군, 다군 3번의 기회를 본인이 꼭 가고 싶은 대학에 상향 지원을 해도 됩니다.

정보는 최대한 많이

정시 입시를 준비하면서 반드시 확인해야 하는 요소는 본인이 희망하는 대학교의 입시 결과 자료입니다. 많은 입시업체에서 정시 배치표나 합격 예측 프로그램을 사용하기는 하지만, 각 대학 입학 홈페이지에서 정시 입시 결과를 확인하면 도움이 됩니다. 수능 시험 점수 합격 커트라인, 학생부 성적, 경쟁률, 추가 합격 순위 등 정시 입시에 필요한 과년도 입시 결과를 거의 모든 대학교에서 제공하고 있습니다. 대학별로 수능 시험 성적을 토대로 국어, 영어, 수학, 탐구영역의 표준 점수나 백분위의 합산 점수를 공개하기도 하고, 대학별 산출방식에 의한 총점을 공개하기도 합니다. 합격자의 평균 점수를 보여주기도 하고, 상위 80% 커트라인을 공개하기도 합니다. 과년도 입시 결과를 통해서 희망 대학과 학과의 지원 및 합격 결과를 알 수 있습니다.

대학마다 입학 홈페이지에 발표하는 자료의 형식이 다양하긴 하지만 눈여겨봐야 할 것은 최종 합격자의 성적입니다. 최종 합격자란 '문을 닫고 들어가는 학생'을 뜻하는, 입시 현장에서 쓰는 말로, 이 '문을 닫고 들어가는 학생'의 커트라인이 가장 중요한 정보입니다. 여기서 주의할 것은 합격생 대부분의 성적과 최종 추가 합격자의 성적은 상당한 차이를 보이기도 한다는 점입니다. 그래서 작년도 최종 추가 합격자 성적만 보고 지원할 경우 올해는 다른 양상을 보일 수 있기 때문에 위험한 지원 전략이 됩니다.

따라서 지원자의 수준을 전반적으로 살펴보고 최근 2, 3년간의 지원 및 합격 현황을 종합적으로 살펴봐야 합니다. 정시 경쟁률의 추이를 보고 정시 경쟁률이 낮은 대학을 지원하는 전략도 도움이 됩니다. 경쟁률이 낮을수록 기본 합격률도 높고 충원 합격률도 높은 편입니다.

정시 입시 체크 포인트

정시 입시에서는 수능 시험 점수 반영 방법 확인이 중요합니다. 대학별 책자나 입시 홈페이지에서 반영 방법을 확인할 수 있습니다. 대학별로 반영 과목과 반영 비율이 달라서 똑같은 총점을 받았다고 해도 대학에 따라 반영 총점이 달라집니다. 자연계 학과는 전반적으로 수학 영역 반영 비중이 높은 것이 특징입니다. 숙명여대 수학과의 수학 영역 반영 비중은 50%에 달하기도 하며, 서강대도 43.3%로 높은 편입니다.

서울권 주요 대학 중에서는 인문계열도 수학 성적이 높을수록 유리한 경우가 많습니다. 중앙대 인문계 학과 중 경영·경제대학의 수학 영역 비중은 40%에 달하고, 서강대 인문계 학과의 수학 반영 비중도 40%에 이릅니다.

다음 표는 2025학년도 주요 대학 정시 수능 반영 방법을 나타내는 표입니다.

2025학년도 주요 대학 정시 수능 반영 방법

대학	반영 영역수	국어	수학	영어	탐구	한국사
서울대	3	33.3%	40%		26.7%	
연세대	4	37.5%	25%	12.5%	25%	
고려대	3	31.25%	37.5%		31.25%	
서강대	3	36.7%	43.3%		20%	
이화여대	4	30%	30%	20%	20%	
한국외국어대	4	30%	30%	20%	20%	
중앙대	3	35%	30%		35%	

세부적으로 확인해야 할 사항은 수능 시험 점수 반영 방법에 따른 유불리입니다. 영어 영역은 절대평가이므로 표준 점수나 백분위가 제공되지 않고 등급만 제공됩니다. 대학마다 영어 등급별 점수를 부여하는데, 등급 간 점수 격차가 큰 대학도 있고 등급 간 점수가 작아 영향력이 미미한 대학도 있습니다.

2025학년도 서울권 주요 대학 정시 영어 반영 점수 방법

대학	1등급	2등급	3등급	4등급
서울대	0	-0.5	-2	-4
고려대	0	-3	-6	-9
서강대	100	99	98	97
한국외대(이과계열)	105	103.5	100.5	96
서울시립대	250	246	240	233

수능 영어 영역은 정시 입시에서 감점, 가산, 대학별 환산점수 등 크게 3가지 방법으로 반영됩니다. 감점 또는 가산은 국어, 수학, 탐구 성적 100% 점수를 기준으로 해서, 여기에 영어 등급에 따라 감점 또는 가산을 하는 방법입니다. 감점 방식은 고려대의 경우 영어 2등급 이하에서 '-3.0점'과 같은 식으로 등급에 따라 총점에서 감점하고, 서강대는 거꾸로 1등급은 '100점'을 더해 주는 방식으로 반영합니다. 서울시립대는 등급별 환산 점수에 따라 1등급에 250점을 반영합니다.

연도별 수능 영어 영역 1등급 성취 비율

대학	2022학년도	2023학년도	2024학년도
1등급 비율	6.25%	7.83%	4.71%

수능 영어 영역은 대학별로 반영 방법과 비율이 각각 달라서 영어 성적으로 인한 유불리를 따지기가 쉽지 않습니다. 일반적으로 영어 2등급이나 3등급까지는 점수 반영 폭이 크지 않으나 4등급 이하에는 점수 반영 폭이 큰 편입니다. 서울권 주요 대학을 지원하는 학생이라면 영어 2등급 이하의 성적은 부담스러울 수 있습니다.

이런 상황에서는 영어 성적 1등급을 안정적으로 확보하는 것이 부담을 줄이는 확실한 방법입니다. 90점 이상이 1등급인 절대평가라고 하지만, 난이도에 따라 1등급 비율이 매년 달라질 수 있다는 점을 염두에 둬야 합니다. 2024학년도 6월 모의평가 영어 1등급 비율은 1.3%까지 내려가기도 했습니다. 영어는 난이도와 상관없이 좋은 성적이 나오도록 꾸준한 학습이 필요한 영역입니다.

유리한 조합을 찾아라

표준 점수와 백분위 중에서 어떤 점수가 본인에게 유리한지 여부와 수능 영역별 조합의 유불리, 수능 영역별 가중치를 고려하여 대학에서 원하는 환산 점수를 계산해 봐야 합니다. 이해를 돕기 위해 수능 시험 원점수 성적이 같은 학생을 비교하면서 설명하겠습니다.

수능 시험 원점수 성적이 같은 학생 비교(예시)

학생 A

구분	국어	수학	탐구	합계
원점수	97	81	36	214
표준 점수	121	132	61	314
백분위	96	92	79	267
등급	1	2	3	6

학생 B

구분	국어	수학	탐구	합계
원점수	89	83	42	214
표준 점수	113	137	65	315
백분위	73	96	82	251
등급	4	1	3	8

학생 A와 학생 B는 원점수 합계가 동일한 성적입니다. 언뜻 등급만 보면 학생 A가 학생 B보다 우수해 보이지만, 표준 점수는

학생 B가 높고 백분위는 학생 A가 높습니다. 이럴 때 학생 A는 백분위를 반영하는 대학에 지원하는 편이 낫고, 학생 B는 표준점수를 반영하는 대학에 지원하는 것이 유리합니다. 아울러 학생 A는 국어 영역에 가중치를 주는 대학 지원이 유리하고, 학생 B는 수학 영역 반영 비율이 높은 대학에 지원하는 전략을 세워야 합니다.

본인의 점수로 합격 가능한 대학을 알아보기 위해, 입시 기관이나 재학 중인 고등학교에서 활용하는 입시 프로그램에서 본인의 대학별 점수 산출 및 합격 가능성 예측을 할 수 있습니다. 다양한 경로로 상담을 받고 최종 결정을 하는 과정을 거쳐야 합니다.

경쟁률 확인은 필수

정시 입시에서 체크해야 할 마지막 사항은 경쟁률 확인입니다. 경쟁률은 정시 모집에서 가장 중요하게 참고하는 변수입니다. 수시 입시는 6번의 지원 기회가 있고, 정시 입시는 3번의 지원 기회가 있습니다. 기본 경쟁률이 수시에 비해 적을 뿐더러 학령 인구 및 대학 입학 자원의 감소 속에서도 선호도 높은 대학과 학과에 경쟁률 쏠림 현상이 있습니다. 따라서 합격 가능성을 고려할 때 지원 대학은 물론 학과의 상황과 경쟁률 등을 면밀히 체크해야 합니다. 정시 원서 접수 기간에 지원 희망 대학 리스트에서 본인이 지원하는 학과의 경쟁률이 대학별로 차이가 난다면 대학이나 원서 접수 사이트의 실시간 경쟁률을 끝까지 확인하고 지원해야 합니다.

한 해 입시의 마지막은 추가 모집

상대적으로 주목받지 못하지만, 정시 입시 결과 이후 2월에 추가 모집이 이루어집니다. 2024학년도에서 서울권 대학에서만 618명, 경기·인천권 대학에서 935명의 인원을 정시 입시까지 충원하지 못하고 추가 모집으로 학생을 선발했습니다. 학생 입장에서는 수시 6회, 정시 3회 이외에 한 번 이상 대학 진학에 도전할 수 있으므로 대학 합격의 막차를 탈 수 있는 좋은 기회가 될 수 있습니다.

학령 인구가 줄면서 지방 대학에서는 수시 입시와 정시 입시를 통해서도 학과 정원을 못 채우는 경우가 발생합니다. 대학에서 계획했던 모집 인원을 수시 입시에서 채우지 못하면 정시 모집 인원으로 이월되고, 정시 입시에서 정원을 채우지 못하면 추가 모집 인원으로 이월됩니다. 수시 입시에서 정원을 채우지 못하는 데는 2가지 경우가 있습니다. 수능최저학력기준을 맞춘 학생들이 적거나 합격자 등록 마감일까지 인원을 못 채워서 정원을 채우지 못할 수도 있고, 또 대학별로 이 정도 성적 이하로는 더 이상 받지 않겠다고 추가 합격을 시키지 않으면 정시 인원으로 넘어가는 것입니다. 과거에 각 지역별로 우수한 학생이 지원했던 지방 거점 국립대(경북대, 전남대 등을 말하며 '지거국'이라고 줄여서 표현함)에서도 매년 추가 모집을 실시하고 있으며, 수능 하위 등급의 학생들도 합격했다는 소식이 심심찮게 입시 카페에 올라오곤 합니다.

학과별로 보면 모집 인원이 적은 편이나, 2024학년도에는 세종대 56명, 국민대 32명, 홍익대 31명 등 서울권 대학에서도 추가 모집을 실시했습니다. 추가 모집의 경우 수시 및 정시 입시와 달리 지원 횟수에 제한이 없습니다. 정시 모집 합격자는 등록을 포기하면 지원할 수 있으며, 산업대와 전문대 정시 모집 합격자는 등록과 무관하게 지원할 수 있습니다.

대학의 인지도나 학과, 전공을 고려하여 마지막 지원 기회를 잘 활용하면 좋습니다. 단, 추가 모집 기간 동안 대학에서 모집 인원은 수시로 변경될 수 있습니다. 추가 모집은 2월 말 대학교 개강 직전 짧은 기간 동안 실시하므로 반드시 대학 홈페이지에서 모집 정보를 확인하고 지원해야 합니다.

02 실기

　예체능 정시 입시에서는 기본적으로 음악, 미술, 체육으로 분류되고, 대부분 실기 시험과 수능 시험 성적 2가지를 반영합니다. 대학마다 반영 비율은 다르지만, 서울권 상위권 대학일수록 수능 시험 성적 반영 비율이 높아서 상위권 대학에 가기 원한다면 수능 성적이 좋아야 합니다. 반대로 지방대일수록 실기 성적 반영 비율이 높거나 실기 성적만으로 선발하기도 합니다.

　사실 예체능 학생들은 입시 준비가 일반 학생들보다 더 힘듭니다. 실기 준비도 해야 하고 수능 시험 공부도 게을리할 수 없기 때문입니다. 예체능계열 진학을 희망하는 학생들은 본인의 수능 성적과 실기 능력을 냉철히 고려한 후 목표 대학을 정하고 준비해야 합니다. 가장 중요한 점은 실기 연습과 수능 시험을 모두 준비하기 위해 체력의 밸런스를 잃지 않도록 조심하는 것입니다.

예체능 비실기 전형

예체능계열은 대입 전형에서 실기 반영 비율이 높은 모집 단위입니다. 따라서 예체능계열에 진학하려면 수년 동안 꾸준히 실기를 준비해서 실기 시험에 통과해야 한다고 생각하기 쉽습니다. 하지만 예체능 분야지만 정시에서 실기 없이 수능 시험 100%로만 신입생을 선발하는 예체능계열 학과들도 있습니다. 예를 들어 경기대, 경희대, 중앙대 등은 영화 및 영상 계열을 수능 시험 100%로 선발합니다.

몇몇 대학에서 디자인 관련 계열이 실기 없이 수능 시험 성적만으로 신입생을 모집합니다. 건국대, 국민대, 인하대 등은 실기 전형과 비실기 전형으로 구분하여 실기 없이 학생을 선발하기도 합니다. 운동 특기생들만 진학할 수 있다고 생각하는 체육계열도 경희대, 한국체대, 한양대 등에 실기 없이 수능 시험 성적 100%로 선발하는 스포츠과학, 스포츠의학, 운동관리학과 등이 있습니다.

대학에서 이렇게 수능 시험 100%로 선발하는 이유는, 실기 실력은 기술의 영역으로 언제든지 대학에 와서 배울 수 있다고 생각하기 때문입니다. 기본 지식이 머릿속에 쌓여 있고 창의성 있는 인재를 예체능계열에서 선발하겠다는 대학의 추세를 읽을 수 있는 부분입니다.

정시

1. 수시 입시에서는 재학생이 강세이고, 정시 입시에서는 N수생이 합격률이 높다.

2. 정시 선발 비율이 수시에 비해 높지 않지만, 서울 주요 대학의 정시 선발 비율은 크게 증가했다.

3. 대학별 수능 시험 성적 반영 영역, 영역별 반영 비율, 영어 성적 반영 방법, 과목 가중치 등을 고려하여 최적의 지원 대학을 선정한다.

4. 정시 입시에서 대학에 지원할 때 마지막까지 경쟁률을 확인한다.

5. 정시 지원 결과가 좋지 않더라도 주요 대학에서도 실시하는 추가 모집의 기회를 주목한다.

6. 예체능계열 중에서 비실기 전형으로 수능 시험 성적만으로 선발하는 대학을 확인한다.

입시의 동반자, 학교생활기록부와 내신 성적

Chapter 1

학교생활기록부

학교생활기록부의 구성

학교생활기록부(이하 '학생부', '생활기록부')는 학생의 고등학교 3년간의 기록으로 고등학교 생활을 나타내는 가장 객관적인 자료입니다. 그렇기에 학생부는 대학 입시에서 가장 결정적인 부분을 차지합니다. 입시 전형에 따라 비중은 달라지더라도 학생부는 어떤 입시 전형에서도 중요한 역할을 하며 준영구적으로 보관하게 되어 있습니다. 졸업 후 수십 년이 지나도 기록은 지워지지 않고 남습니다.

예전 부모님 세대는 빳빳한 큰 종이의 생활기록부를 추억하실 것입니다. 선생님들이 손수 자필로 생활기록부를 작성하던 시절이었고, 과거 생활기록부는 한 장짜리 종이였습니다.

현재의 학생부는 교육행정 정보체계인 '나이스(NEIS, National Education Information System)' 시스템에 기록되고 저장됩니다. 과거에는 담임교사 1명이 전적으로 학생부를 작성했다면, 지금은

3년 동안 담임을 포함해 수십 명의 교과 담당교사가 학생부를 기록합니다. 예전에는 1장짜리 학생부였다면, 지금은 학생부가 수십 장에 이릅니다. 많은 교사가 3년 내내 종합적으로 관찰한 기록이 바로 학교생활기록부입니다.

2페이지에서 30페이지로

고등학교 입학 후 학기 초에 1학년 신입생의 생활기록부를 출력하면 가장 기본 사항인 학생 사진과 기본 인적·학적사항만 기록되어 있습니다. 나머지 모든 페이지들은 공간이 빈 양식만 보이고, 모두 '해당 없음'이라 쓰여 있습니다. 고등학교 1학년 신입생의 학생부는 2페이지가 채 되지 않습니다.

그렇다면 3년 동안 학교생활을 충실히 한 학생의 학생부는 몇 페이지 정도 될까요? 학생부를 열심히 채워 온 학생 중에는 30페이지 가까이 되는 경우도 있습니다. 3년이라는 고등학교 생활 동안 2페이지이던 학생부라는 나무를 30페이지까지 키워낸 셈입니다. 대부분의 학생들은 3학년 때 평균적으로 20페이지 내외의 학생부를 갖게 됩니다. 물론 학교생활을 열심히 하지 않은 학생들의 학생부는 10페이지 내외밖에 되지 않습니다. 학생부의 양보다 질적인 내용이 더 중요하겠지만, 10페이지짜리 학생부와 30페이지짜리 학생부의 격차는 절대 작지 않습니다.

학교생활기록부의 구성

학교생활기록부 양식

졸업대장번호					
학년 \ 구분	학과*	반	번호	담임 성명	사진
1		2	23	김이반	
2		5	21	최오반	
3		7	24	조칠반	

1. 인적·학적사항
2. 출결상황
3. 수상 경력
4. 자격증 및 인증 취득상황
5. 창의적체험활동상황
6. 교과학습발달상황
7. 독서활동상황
8. 행동특성 및 종합의견

*(학과)는 일반고는 해당 사항이 없으며 특성화고의 경우 학과가 있으므로 여기에 기재합니다.

학생부에는 맨 처음 학년별 반·번호와 함께 담임교사 성명이 표시되고 학생 사진이 포함되어 있습니다. 그리고 ① 인적 · 학적 사항, ② 출결상황, ③ 수상 경력, ④ 자격증 및 인증 취득상황, ⑤ 창의적체험활동상황, ⑥ 교과학습발달상황, ⑦ 독서활동상황, ⑧ 행동특성 및 종합의견의 8개 항목으로 구성됩니다.

02 인적·학적사항

인적·학적사항의 기본 정보

학교생활기록부 맨 첫 번째 항목은 인적·학적사항입니다. 학생의 성명과 주민등록번호 같은 기본 정보가 수록됩니다. 2021학년도 졸업생까지는 인적사항과 학적사항이 다른 항목으로 따로 존재했는데, 2022학년도 졸업생부터 통합해서 하나의 항목으로 기록됩니다. 참고로 예전 학생부에는 가족상황 항목이 있어서 부모님의 성함과 생년월일까지 기록되었지만, 학생 배경을 알 수 있는 부모님의 신상정보는 불필요하다고 판단하여 현재는 가족상황 항목이 사라졌습니다.

이 인적·학적사항은 학교 교사로서 학교생활기록부를 살펴볼 때 처음으로 눈길이 가는 항목입니다. 집이 멀어서 먼 곳에서 통

인적·학적사항(예시)

학생정보	성명: 김일영　　성별: 남　　주민등록번호: 000000 - 3XXXXXX 주소: 경기도 ○○시 ○○구 ○○로 ○○○
학적사항	2024년 01월 11일 금토산 중학교 제3학년 졸업 2024년 03월 02일 운중천 고등학교 제1학년 입학(2024년 06월 17일 전출) 2024년 06월 18일 불곡산 고등학교 제1학년 전입학
특기사항	2024년 03월 01일 운중천 고등학교로 교명 변경 2024. 06. 08. 학교폭력예방 및 대책에 관한 법률 제17조 제1항 제8호에 따른 전학 조치

학생정보 성명, 성별, 주민등록번호와 입학 당시의 주소가 입력됩니다. 고등학교 재학 중에 주소가 변경되면 변경된 주소를 추가하여 담임교사가 기록합니다.

학적사항 고등학교 입학 전 중학교의 졸업연월일과 학교명을 입력합니다. 검정고시 합격자는 합격연월일과 함께 '졸업학력 검정고시 합격'이라고 입력됩니다.

특기사항 학적이 바뀐 경우 해당 이유를 적습니다. 특기사항 중 학교폭력과 관련된 사항은 '학교폭력 예방 및 대책에 관한 법률 제 17조'에 따른 가해 학생에 대한 조치사항을 입력합니다. 인적·학적사항에 학폭 관련 내용이 적혀 있는 경우 강제 전학 온 학생임을 의미합니다.

학하지는 않는지, 어느 중학교 출신인지 등 학생에 대한 가장 기본적인 정보를 얻을 수 있습니다. 주민등록번호 같은 민감한 개인정보가 포함되어 있어 부모님 입장에서 걱정이 될 수도 있겠지만, 고등학교에서는 담임교사와 같이 권한을 위임받은 교직원만 열람할 수 있습니다.

03 출결상황

대학 입시에서 학생을 평가할 때 살펴보는 인성 항목 중에서 출결상황은 성실성을 파악할 수 있는 중요한 영역입니다. 결석, 지각, 조퇴 등 출결 기록이 많은 학생이 학업 성적이 우수하거나 학교생활을 활기차고 적극적으로 하는 경우는 극히 드물기 때문입니다.

지금도 개근은 성실함의 상징

예전 부모님 세대는 '몸이 아파도 학교는 꼭 가야 한다'라는 말을 듣고 자랐습니다만, 요즘은 그렇게까지 할 필요가 있느냐는 것이 학생과 부모님들의 보편적인 생각인 듯합니다. 하지만 시간이 흐르고 시대가 바뀌어도 '학교 출석을 잘하는 학생이 성실하다'라는 말을 반박할 수는 없습니다.

출결상황(예시)

학년	수업일수	결석일수			지각			조퇴			결과*			특기사항
		질병	미인정	기타	질병	미인정	기타	질병	미인정	기타	질병	미인정	기타	
1	193	·	·	·	·	·	·	·	·	·	·	·	·	개근
2	192	1	·	·	4	·	·	·	·	1	·	·	·	
3	190	·	2	·	3	·	·	·	·	·	·	·	·	

＊ 결과: 학생이 수업이나 강의 시간에 빠지는 것

학생의 출석일수가 전체 수업일수에서 3분의 2 미만이 될 경우 각 학년 수업일수 부족으로 졸업할 수 없습니다. 예를 들어 1년 동안 수업일수가 190일인데 63일 결석을 했다면 졸업이 가능하나, 1/3이 넘어서 64일을 결석했다면 졸업이 불가능합니다. 결석일수에는 미인정 결석은 물론이고 질병 결석도 포함됩니다.

출결상황의 종류

출결상황은 질병, 미인정, 기타로 나뉘어집니다. 결석의 경우, 질병으로 인한 결석 처리를 원하면 처방전이나 진단서 등으로 증명하면 됩니다. 미인정 결석은 태만, 출석 거부 등으로 고의로 결석한 경우를 말합니다. 예전에는 '무단 결석'이라는 용어를 사용했지만, 지금은 '미인정 결석'이라는 용어를 사용합니다. 기타 결석은 부모나 가족을 봉양하거나 가사 조력 등 부득이한 개인 사정에 의한 결석을 말합니다.

결석은 했지만 출석이 인정되는 경우도 있습니다. 천재지변, 자연재해, 법정 감염병, 병무청 신체검사 같은 병역 관련 업무, 경조사, 논술이나 면접 같은 대입 전형 응시 등은 학교장이 허가하면 출석 인정 처리되며 학생부 출결상황에 기록되지 않습니다. 가정학습이나 체험학습을 신청하고 학교장이 허가한 경우에도 출석 인정 처리됩니다. 단, 정해진 기일 내에 보고서를 제출하지 않으면 결석 처리되므로 주의해야 합니다.

경조사로 인하여 출석하지 못하는 경우 대상에 따라서 차등적으로 출석 인정 일수가 정해집니다. 가족 구성원이 결혼하는 경우는 주말에 주로 결혼식을 치르기 때문에 결혼으로 인한 출석 인정 신청은 많지 않은 편입니다. 가족 장례의 경우, 큰아버지나 외숙모 등이 돌아가셨을 때 학생에게 인정되는 출석 일수는 1일로 짧은 편입니다. 따라서 장례식을 치르는 장소가 먼 경우에는 현장체험학습을 붙여 신청하는 방법을 이용하기도 합니다.

출석부에 기록되는 공식 시간은 아침 조회 시간부터 모든 수업 시간, 그리고 오후 종례 시간입니다. 아침 조회와 오후 종례에는 담임교사가 교실에서 확인하고, 다른 모든 수업 시간에는 교과 담당교사가 각각 확인하고 출석부에 기록합니다. 각 고등학교마다 규정은 다를 수 있는데, 수업 시작 후 10분에서 20분 내로 수업에 참여하지 않을 경우 해당 수업은 결과 처리됩니다.

지각은 1교시에 학교에 오든 마지막 7교시에 등교를 하든 1회 지각으로 출석부에 기록되며 미인정 지각으로 처리됩니다. 조퇴도 마찬가지로 아침에 등교하자마자 집에 돌아가든 7교시에 하교하든 1회 조퇴로 처리됩니다.

출결상황에 기록되는 특기사항은 장기 결석한 내용이나 출결 내용을 설명할 필요가 있는 경우 작성됩니다. 예를 들어 '편도선 수술(5일)', '부모 간병(3일)' 등입니다. 가장 좋지 않은 특기사항은 학교폭력 관련 조치사항의 기록입니다. 반대로 가장 좋은 특기사항은 '개근'입니다. 해당 학년 동안 단 한 번의 결석, 지각, 조퇴, 결과도 없는 경우 '개근'으로 입력됩니다. 고등학교 3년간 출결상황에 표시된 내용이 하나도 없다면 각 학년별로 '개근-개근-개근'으로 표시됩니다. '개근' 기록이 학생부에 적혀 있다면 해당 학생은 무조건 성실하다는 보증 수표입니다.

04 수상 경력

교내상만 입력된다

학교생활기록부의 세 번째 항목인 수상 경력은 대학 입시에서 차지하는 비중은 없지만, 고등학교 생활에서 중요한 역할을 담당합니다. 참고로, 학교 밖에서 수상한 교외상은 학교생활기록부 어떤 항목에도 입력되지 않아서 수상 경력 항목에는 학생이 재학하고 있는 고등학교에서 시상하는 상장 내역만 기록됩니다. 또 교내상은 학교생활기록부 수상 경력 항목에만 입력하며, 수상 경력 이외의 어떠한 항목에도 입력하지 않는다는 원칙이 있습니다.

고등학교에서는 학생들의 진로를 위해서 다양한 대회를 개최합니다. 3년 동안 수상 실적을 합치면 수십 개의 상장을 독식하는 다방면에 뛰어난 실력을 가진 학생도 있습니다. 그렇지만 다양한 분야에서 받은 수십 개의 상장을 보유한 학생에게 다소 불리한 방식으로 입시가 바뀌었습니다. 2022학년도 입시부터는 학생이 학기당 1개의 상장만 선택해서 대입 자료로 대학에 제공했고, 2024학년도 대학 입시부터는 수상 경력이 학생부에 기록은 되지만 대학에는 아예 제공되지 않습니다.

상을 받기 위한 도전

대학 입시에서 수상 실적의 반영이 사라졌지만 학교생활기록부에는 실적이 기록되며 내용이 사라지는 것은 아닙니다. 추후 대학 입시제도가 변경될 경우 다시 수상 실적이 반영될 수도 있습니다.

수상 경력은 학생의 장점과 실력을 확인할 수 있는 중요한 항목입니다. 학생들에게는 교내 수상을 하기까지의 과정과 노력을 지켜보는 수 많은 교사와 학생들이 있습니다. 학교 구성원들에게 교내 대회에서 수상이라는 강렬한 인상을 준 학생의 생활기록부에는 다른 경로로 도움이 되는 내용이 기록될 수 있습니다.

상에는 단체 수상과 개인 수상이 있는데 단체 수상 실적보다 개인 수상 실적이 훨씬 도움이 됩니다. 단체 수상은 개인의 역할이 두드러지게 보이지 않지만, 개인 수상은 자신의 진로와 역량에 대해서 해당 과목 교과 교사나 담임교사에게 분명 좋은 이미지를 심어 줄 수 있습니다.

　교과우수상이나 경시대회 같은 성적이나 특기 관련 수상 실적은 교과 담당교사에게, 봉사상이나 모범상 등의 인성 분야 수상 실적은 담임교사에게 강한 인상을 줍니다. 이는 과목별 세부능력 및 특기사항이나 행동특성 및 종합의견을 통해서 우회적으로 기록될 수 있고요. 따라서 대학 입시에서 직접적인 반영은 없어졌다 할지라도 적극적으로 교내 경시대회 등에 참가하여 수상 실적을 쌓아야 합니다.

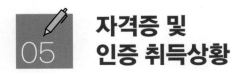

자격증 및 인증 취득상황

국가기술 자격증 및 국가 공인 자격증만 입력된다

고등학생이 재학 중에 취득한 자격증을 입력하는 항목입니다. 국가기술자격법에 따른 국가기술 자격증이나 국가 공인을 받은 민간 자격증 등이 입력 대상입니다. 단, 사교육을 유발하는 입학 전형 요소를 차단하기 위해서 각종 인증 취득상황은 입력하지 않

자격증 및 인증 취득상황(예시)

구분	명칭 또는 종류	번호 또는 내용	취득연월일	발급기관
자격증	컴퓨터활용능력 2급	21-G4-010644	2024.08.28.	대한상공회의소
	정보기기운용기능사	21092381539G	2024.09.22.	한국산업인력공단
	한식조리기능사	21001750210J	2024.09.06.	한국산업인력공단

습니다. 예를 들어 한자능력인증, 한국사인증 같은 내용은 인증 취득상황에 입력될 수 없습니다.

국가직무능력표준 이수상황 항목에는 학교교육계획에 따라 국가직무능력표준을 이수한 경우 학교생활기록부에 등록합니다. 산업현장에서 직무를 수행하기 위해 요구되는 지식이나 기술을 의미하는데, 특성화고에서 주로 기록되며 일반고에서는 대부분 해당사항이 없습니다.

이 항목에는 고등학교 재학 중 취득한 기술 관련 자격증에 한해 입력할 수 있는데, 입력 가능한 자격증은 매년 달라질 수 있으므로 입력 가능한 자격증인지 확인해야 합니다. 국가기술자격증과 국가자격증 관련 정보는 http://www.q-net.or.kr에서 확인할 수 있습니다. 하지만 고려해야 할 중요 사항은 2022학년도 대학 입시부터는 학생부에 자격증 내용을 입력할 수는 있지만 대입 전형 자료로 대학교에 제공되지 않는다는 사실입니다. 따라서 일반 인문계 고등학교에서 자격증을 획득하기 위해서 노력하는 학생은 많지 않습니다. 하지만 대학 입시를 떠나서 자격증을 취득하면 언제라도 충분히 활용할 수 있고 자격증 취득 과정에서 학생 자신의 능력이 올라가게 마련입니다. 상대적으로 시간이 많은 중학교 3학년 때나 고등학교 1학년 방학 때를 이용해서 자격증 준비와 취득을 하는 것도 한 가지 방법입니다.

창의적체험활동상황

창의적체험활동의 4가지 영역

창의적체험활동은 자율활동, 동아리활동, 봉사활동, 진로활동이라는 4개 영역으로 구분됩니다. 고등학교 현장에서는 앞글자만 따서 '자동봉진'이라고 주로 부릅니다. 대학 입시에서 교과 영역을 제외한 비교과 영역에서 가장 중요한 항목이라고 볼 수 있습니다. 다음 예시에서 담임교사와 동아리 담당교사가 입력한 일반적인 창의적체험활동상황 내용을 확인할 수 있습니다. 실제로는 학교생활기록부에서 자율활동과 동아리활동은 500자 이내, 진로활동은 700자 이내로 작성될 수 있기 때문에, 학교 활동을 열심히 한 학생의 경우 제한된 글자 수 내에서 더욱 충실한 내용이 기록될 수 있습니다.

창의적체험활동상황(예시)

학년	창의적체험활동상황		
	영역	**시간**	**특기사항**
1	자율 활동	87	학급 내 1인1역 활동에서 알리미 역할을 자청하여 수업에서 학생들이 잘 참여할 수 있도록 자세히 안내하고 친구들에게 다양한 입시정보를 정리하고 게시하는 등 자신의 책무에 충실함. 학급자치회의(2024.05.06.) 시간에 학급 내 규칙세우기 활동에 적극적으로 참여하여 학급 내 질서 및 교실 보안 유지에 대한 자신의 의견을 개진하고 회의 시간 내내 효율적으로 진행되도록 도움.
	동아리 활동	34	(세계문화탐구반)(34시간) 평소 영미문화 연구에 관심을 보이는 학생으로 꾸준히 새로운 정보를 습득하고 연구하려는 성향이 있음. 모둠별 토론활동을 할 때 적극적으로 정보를 수집하고 자료를 분석하여 토론활동에 능동적으로 참여함. 부서원들과의 관계를 원만하게 유지하고 있으며 서로 협력하여 주어진 모둠별 과제를 수행하는 데 결정적인 역할을 함. 개별 발표 시에도 자신의 주장을 조리 있게 설명하고 표현하는 능력이 뛰어남. (신문제작반: 자율동아리) 사회 문제 분석 및 신문 제작 동아리
	진로 활동	34	희망 분야 / 공무원 평소 공무원이라는 직업에 관심이 많고 여러 가지 방법으로 직업의 세계를 탐구함. 본인이 탐색한 대로 공무원의 종류 및 역할, 공무원이 되기 위한 방법, 공무원이 해야 할 일에 대해서 일반 학생들이 모르는 분야까지 세세히 조사하여 조리 있게 발표함. 현재 인기 직종과 미래에 유망하거나 사라질 수 있는 직업의 종류를 찾아보는 활동에 참여하여 다양한 직업 세계에 대해서 인식하고, 향후 변화하고 있는 직업의 가치에 대해서 인식하게 됨.

학년	봉사활동 실적				
	일자 또는 기간	**장소 또는 주관기관명**	**활동 내용**	**시간**	**누계시간**
1	2024. 03. 20.	(학교) ○○고등학교	학교 주변 환경정화활동	2	2
	2024. 09.01 ~ 2024. 10.30.	(학교) ○○고등학교	방송 도우미	10	12
	2024. 11. 17.	(개인) ○○우편집중국	우편물 분류 및 청소	5	17

자율활동

자율활동 영역에는 학교교육계획에 따라 고등학교에서 주최하고 주관한 활동이 기록됩니다. 교육 관련 기관에서 주최하고 주관하여 실시한 국내 체험활동 중 학교장이 승인한 체험활동도 기록될 수 있습니다. 자율활동 항목의 특기사항은 활동 결과에 대한 평가보다는 활동 과정에서 드러나는 개별적인 내용이어야 좋습니다. 예를 들어 단순하게 '체육대회에 능동적으로 참여함', '학급자치회의에서 상대방의 의견을 경청함'과 같은 학생 개인의 특색이 드러나지 않는 내용이 자율활동 영역에 기록되어 있는 것은 대학 입시에서 별 도움이 되지 않습니다. 따라서 학생들은 자신의 특성과 자질이 드러날 수 있도록 학교 활동에 적극적으로 참여해야 합니다.

자율활동에 기록되는 중요한 내용 중 하나는 학교 임원활동 내용입니다. 학기별로 재임 기간과 함께 기록됩니다. 예를 들어 '1학년: 1학기 전교 학생 자치회 부회장(2024.03.02.~2021.08.16.)을 역임함'과 같이 기록되는 것이죠. 마찬가지로 학급회장이나 부회장을 해 봤다는 기록도 중요하지만, 학교 임원으로서 다른 학생과 차별화되는 내용이 기록될 수 있게 노력해야 합니다.

동아리활동

　동아리활동에는 정규 교육과정 동아리활동과 정규 교육과정 이외 학교 스포츠클럽활동의 클럽명과 이수 시간이 기록됩니다. 추가적으로 학교교육계획에 의한 정규 교육과정 이외의 자율동아리도 동아리명과 함께 동아리 소개가 간단히 기록될 수 있습니다. 교사는 학생의 동아리활동을 관찰하여 평가하며 학생의 참여도와 특별한 활동 내용을 기록합니다.

　정규 동아리 외에 학생들이 자율동아리활동도 할 수 있다고 했는데요. 학생이 자신의 진로와 관련된 동아리를 구성하고 지도교사를 섭외한 후 동아리 계획서를 제출해서 학교장이 승인하면 동아리활동을 할 수 있고 학생부에 기록될 수 있습니다. 예전에는 경쟁적으로 학생들이 자율동아리를 개설하고 한 학생이 몇 개씩 자율동아리를 하는 경우도 많았습니다. 그러나 2022학년도 입시부터 자율동아리는 한 학년에 1개만 30자 이내로 입력될 수 있고, 그나마 2024학년도 입시부터는 자율동아리는 기록하되 대학입시에는 반영되지 않습니다.

진로활동

　진로활동에는 학생 본인의 꿈과 미래 직업을 기입합니다. 그러나 진로 희망 분야가 기록되기는 하지만 2022학년도 입시부터는 그 내용이 대학에 제공되지 않습니다. 학교교육계획에 의거해 학교에서 주최하고 주관하여 실시한 진로활동과 관련된 사항이 진로활동영역에 기록됩니다.

진로활동 영역의 '특기사항'란에는 학생 자신의 특기와 진로 희망과 관련되어 학생이 노력한 활동, 교내 진로활동에서 학생이 수행한 활동, 참여도, 태도 등을 관찰하여 교사가 입력합니다. 주로 1학년 때 실시하는 적성검사 같은 진로와 관련된 각종 검사나 학생의 직업과 진로에 대한 계획서 등을 바탕으로 특기사항이 입력될 수 있습니다. 이렇게 학생의 실제적인 활동과 역할이 상세히 기록되어 있다면 대학 입시에서 좋은 평가를 받을 수 있습니다.

봉사활동

봉사활동 실적은 크게 학교 봉사활동과 개인 봉사활동, 2가지로 나뉩니다. 2022학년도 입시부터 달라진 점은 봉사활동 실적만 입력하고 특기사항은 입력하지 않게 되었고, 2024학년도 대학 입시부터는 대학교에 '학교' 봉사활동 실적은 제공하지만, '개인' 봉사활동 실적은 제공하지 않습니다. 봉사활동 실적 중에서 장소 또는 주관 기관명으로 기록된 해당 고등학교는 자동으로 블라인드 처리됩니다. 대학에서 출신 고등학교를 알지 못하게 학생부에서 학교 이름이 삭제된 후 대학교에 제공됩니다.

봉사활동 시간은 1일 8시간을 기준으로 합니다. 월요일 수업이 7교시까지 있었다면 그날 봉사활동은 1시간만 할 수 있고, 방학이나 휴업일에는 8시간까지 봉사활동 시간을 인정받을 수 있습니다. 단, 헌혈은 하루 8시간의 제한을 받지 않고 1회당 4시간의 봉사 시간 실적을 인정받습니다.

대학 입시와 상관 없이 봉사활동을 하려는 학생들은 주로 1365 자원봉사포털(나눔포털, 행정안전부), VMS(사회복지자원봉사인증관리, 보건복지부), DOVOL(청소년활동정보서비스 e-청소년, 여성가족부)를 통해서 봉사활동 정보를 얻고, 나이스 교육정보시스템의 봉사실적 연계를 통해 학교생활기록부에 기록되는 과정을 거칩니다. 참고로 물건이나 현금을 기부하는 행위는 봉사활동 시간으로 인정되지 않습니다. 봉사활동을 하기 전에 인정 가능한 봉사활동인지 여부를 담임교사와 먼저 상의할 것을 권합니다.

교과학습발달상황

교과학습발당상황은 교과 영역이다

학교생활기록부에서 가장 중요한 항목은 학생의 내신 성적이 기록되는 교과학습발달상황('교과 영역'이라고도 함)입니다. 학생부 종합 전형이라 하더라도 교과 영역에서 성적이 현저히 낮은 학생을 비교과 영역이 출중하다고 대학에서 선발하는 경우는 거의 드뭅니다. 사실 성적이 낮은 학생이 비교과 영역에서 두각을 나타내는 사례는 거의 없다고 보면 됩니다.

과거에는 세부능력 및 특기사항을 기록할 때 교과 담당교사가 재량껏 써 주고 싶은 학생을 정할 수 있었습니다. 일반적으로 교과 담당 학생들 중에서 약 20% 정도의 학생들만 기록해 주는 경향이 강했습니다. 하지만 지금은 모든 과목 담당교사가 지도하는

교과학습발달상황(예시)

학기	교과	과목	1학기				비고
			단위수	원점수/과목 평균 (표준 편차)	성취도 (수강자 수)	석차 등급	
1	국어	공통국어	5	90/60.3(22.7)	A(210)	1	
	수학	공통수학	4	75/50.3(24.0)	C(210)	3	
	영어	공통영어	5	83/53.5(27.8)	B(210)	2	

세부능력 및 특기사항

공통국어: 자신의 진로인 기자와 관련하여 기자상을 수상한 저자의 이야기를 담은 도서를 반 친구들에게 추천함. 긴박한 상황에서도 기사를 작성하며 진실을 보도하기 위해 애쓰는 기자의 모습에 대한 책을 읽고 학생들 앞에서 생각을 공유함.

공통수학: 수업에 적극적으로 참여하며 수학에 대한 흥미가 높은 학생임. 피타고라스의 생애와 업적을 조사하여 업적 중 피타고라스 정리를 소개함. 수열 단원을 선택하여 자신의 진로인 기자와 관련된 자료를 정리하여 경제 전문 기자가 하는 일을 소개하고 등비수열이 경제 분야에 활용되는 단리법과 복리법에 대해서 설명함.

공통영어: 영어 강연 영상을 보고 본인의 의견을 조리 있게 발표함. 강연 영상과 더불어 학습의 중요 요건을 동기 유발과 학습 방법에서 찾고 이 의견에 대해서 영어로 유창하게 학생들 앞에서 발표함. 수업에 집중하기 위한 도입 퀴즈 활동에서 영어 문장을 정확히 이해하고 문제의 핵심을 빠르게 파악함. 영어 지문을 해석하고 분석하는 활동에 매우 적극적으로 참여했으며, 나아가 문장을 변형하여 새로운 지문을 창작함.

모든 학생들에 대해서 세부능력 및 특기사항을 기록하도록 되어 있습니다. 교과 담당교사들은 비록 성적이 낮은 학생이라도 학습 태도, 발표 내용, 활동 관찰 등을 통해서 의무적으로 세부능력 및 특기사항을 기재해야 합니다.

과목별 세부능력 및 특기사항

대학 입시 반영에서 수상 실적이 축소되고 자기소개서와 추천서가 폐지된 상황에서 가장 중요시되는 항목이 바로 과목별 세부능력 및 특기사항(일명 '과세특')입니다. 교과학습발달상황에서 일반적인 성적 지표를 파악할 수는 있지만, 실제로 학교 수업 활동에서 어떤 모습이었는지 알 수 있는 가장 핵심적인 영역은 과목별 세부능력 및 특기사항입니다. 또 학생부 페이지를 가장 많이 차지하는 항목 역시 과목별 세부능력 및 특기사항입니다. 학생이 고등학교 3년 동안 만들어 낸 학생부가 10페이지일지 30페이지일지 판가름하는 영역이 이 '과세특'이라고 불리는 영역입니다.

세부능력 및 특기사항에는 오로지 교과 관련한 내용만 기록될 수 있습니다. TOEIC, TOEFL 등의 공인 어학시험 성적이 기록될 수 있다고 오해하는 분들도 있는데, 절대 기록될 수 없는 사항입니다. 이 외에도 장학금 수혜 사실, 외부 표창장, 공로상 등도 기록될 수 없습니다.

과목별 세부능력 및 특기사항 (과세특)의 충실한 작성법

학생부의 다른 항목은 담임교사 혹은 동아리교사 한 사람이 전담해서 작성합니다. 1명의 교사가 학생의 활동을 꾸준히 관찰하고 수업 일지에 기록한 내용을 정리해서 학교생활기록부 해당 항목에 기록합니다.

반면, 과목별 세부능력 및 특기사항에는 모든 교과목의 교사가 기록을 합니다. 한 학기에 7, 8개의 과목을 수강하니, 3년이면 50명 가까운 교사들이 한 학생에 대한 기록을 완성합니다. 요약하면 한두 명의 교사가 학생에게 그다지 좋지 않은 내용으로 과목별 세부능력 및 특기사항을 기록했다 하더라도 대다수의 교사가 학생을 높이 평가하면 전체적으로 해당 학생을 우수한 것으로 판단합니다. 따라서 대학교에서 가장 객관적인 자료로 유심히 보는 항목이 바로 과목별 세부능력 및 특기사항입니다.

1. 기록을 남겨라

학생 입장에서는 수업에 당연히 능동적으로 참여해야 합니다. 단순히 능동적으로 참여하는 데 그치지 않고 활동 기록을 남겨야 합니다. 교과 담당교사가 요구하는 과제나 학습지, 보고서 등을 알차게 작성해서 제출해야 합니다. 여러 가지 수행평가가 교과 성적 측면에서도 중요하지만 학생부 기록을 위해서도 정성껏 수행평가에 참여해야 합니다.

대부분의 교과 담당교사는 수업 시간마다 학생들의 활동을 바로바로 학교생활기록부에 기록하지 않습니다. 학생들이 제출한 수행평가나 보고서 자료들을 차곡차곡 잘 모아뒀다가 학기 말에 집중적으로 학교생활기록부에 기록합니다. 그러므로 학생이 수업 시간에 지속적으로 잘 참여해야 학기 말까지 교과 담당교사의 머릿속에 남아 있을 수 있습니다. 아울러 학생들은 활동 내용의 근거로 삼을 수 있는 다양한 수행평가 기록과 활동 기록지 등을 충실히 쌓아 놓아야 합니다. 이런 기록지에는 제출용 형식이 별도로 있기도 하고, 본인이 준비하고 기록한 내용을 교사에게 제출하면 교사가 판단해서 학생부에 기록하기도 합니다.

2. 교과 담당교사와 자주 소통하라

교사 입장에서 학교생활기록부 작성은 사실 가장 기피하고 싶은 업무입니다. 학교생활기록부에서 가장 입력하기 힘든 영역이 바로 과목별 세부능력 및 특기사항이기 때문입니다. 창의적체험활동 영역 역시 많은 분량을 차지하지만 담임교사로서 1개 학급 인원만 입력하면 됩니다. 물론 30명 내외의 담임 학급 학생들의 학생부를 작성하는 일도 매우 힘듭니다. 하물며 교과 담당교사로서 해당 과목을 수강하는 수백 명 학생들의 과목별 세부능력 및 특기사항을 입력하는 일은 말처럼 쉽지 않습니다. 모든 수강 학생들의 특기사항을 입력해야 하는 상황에서 학생들의 미래를 생각하면 대충 기록할 수도 없기 때문입니다.

사실 많은 학생들을 가르치는 교과 담당교사들은 학생 개개인의 특성을 세심하게 알기 힘듭니다. 이 때문에 교사와 자주 소통하는 학생이 교과 담당교사에게 좋은 인상을 줄 수밖에 없습니다. 수업에 충실히 참여하는 모습을 꾸준히 보이면서 자주 질문하고 발표하는 학생은 세부능력 및 특기사항에 학업 태도, 발전 가능성, 배움의 과정 등이 자세히 기록될 가능성이 높습니다.

3. 다양하고 구체적인 방법으로 참여하라

과목별 세부능력 및 특기사항은 구체적일수록 좋습니다. 단순히 '수업 시간에 선생님과 눈을 맞추고 수업에 열심히 참여하는 학생으로 ……'와 같이 수업에 참여하는 태도만 나열하는 두루뭉술한 내용은 다른 학생과 차별점이 없어 입학사정관 눈에 띄지 않습니다. 그렇기 때문에 구체적인 주제를 가지고 발표 과제 수행, 설문 조사, 프로젝트 학습, 조별 토론 등 다양한 방식으로 수업에 참여해야 교과 담당교사가 학기 말에 구체적인 내용으로 과목별 세부능력 및 특기사항을 작성할 가능성이 높아집니다.

수업 시간에 배운 교과 내용과 연관된 독서활동을 하는 것도 좋은 방법입니다. 계속 강조하지만 소감문이나 활동 보고서를 작성해서 주기적으로 교과 담당교사에게 제출하는 일을 게을리해서는 안 됩니다. 수업 내용을 정리하거나 핵심 내용을 돌아보는 수업 일기 같은 형식도 추천합니다. 가르친 내용을 복습하고 정리해 선생님께 와서 상의하고 질문하는 학생을 귀찮다며 오지 말라고 하는 교사는 학교에 없습니다.

독서활동상황

08

독서활동 입력 정보

독서활동은 교과목별로 해당 교과 관련 독서활동을 교과 담당 교사가 입력합니다. 책을 읽고 관련 과목 담당 교사에게 독서기록장, 독서 포트폴리오, 독서교육종합지원시스템의 증빙자료를 제출하면 입력해 줍니다. 고등학교에 개설된 과목과 연관성이 없

독서활동상황(예시)

학년	과목 또는 영역	독서활동상황
1	문학	(1학기) 《목민심서》(정약용)
	수학 I	(1학기) 《미적분으로 바라본 하루》(오스카 E. 페르난데스)
	영어 II	(2학기) *The Old Man and the Sea*(Ernest Hemingway)
	공통	(1학기) 《왜 미디어를 연구하는가?》(로저 실버스톤)

다면 담임교사가 공통 영역으로 입력해 줄 수 있습니다.

학생독후활동

소속 운중천고등학교 3학년 1반 14번

작성자 최미래

책이름 《샬롯의 거미줄》(감상문쓰기)

저자 엘윈 브룩스 화이트 지음

글자수 720자

관련과목 영어

작성일자 2022년 3월 21일

제목	거미와 돼지의 우정
샬롯의 거미줄이라는 책을 어릴 때 읽고 덮어뒀다가 지친 수험생활에 활력을 주기 위해 다시 책장을 펼쳤다. ...(중략)... 자신의 가족이나 친구들을 슬프게 하면 안 된다는 생각을 하면서 이 소설을 덮게 되었다.	

예전에는 책을 읽고 감상평을 같이 입력할 수 있었지만, 현재는 도서명과 저자, 단 2가지 정보만 입력됩니다. 2024학년도 대학 입시부터는 대학교에 '독서활동상황' 기록은 제공하지 않습니다. 대학 입시에는 반영하지 않지만, 개인별 학교생활기록부 기록이 사라지는 것이 아니니 독서활동을 꾸준히 할 필요는 있습니다.

자신의 진로와 연결해야 한다

독서활동은 학생에 따라 기록 분량이 천차만별인 영역입니다. 다독왕에 오를 정도로 책을 많이 읽는 학생은 수백 권의 책이 기록될 것이고 책과 담을 쌓은 학생은 '해당 없음'이라는 네 글자만 기록될 뿐입니다.

대학 입시에서 독서활동상황은 미반영되면서 학생들이 독서를 중요하지 않게 생각하는 경향이 있습니다. 하지만 직접적으로 대학 입시에 반영되지 않을 뿐, 간접적으로 다른 생활기록부 항목에서 녹여 낼 수 있기 때문에 여전히 독서는 중요합니다.

서울대는 계속 독서력을 강조하며 '서울대학교는 여전히 독서를 통해 생각을 키워 온 큰 사람을 기다립니다.'라는 슬로건을 내걸고 있습니다. 학교생활기록부 여기저기에서 학생의 독서 역량을 보고 싶다는 생각이 대학 안내서에 나와 있습니다. 따라서 서울대를 지원하려고 서울대 필독 도서만 읽는 전략이 아니라 본인의 적성과 진로에 맞게 독서활동을 연계하는 것이 훨씬 더 좋습니다. 생기부 기록을 목적으로 하는 것이 아니라 생각의 크기를 키우기 위해 독서를 지속적으로 해야 합니다.

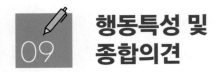

행동특성 및 종합의견

행동특성 및 종합의견의 중요성

행동특성 및 종합의견은 수시로 관찰하여 누가 기록된 행동특성을 바탕으로 학생을 설명할 수 있는 종합의견을 담임교사가 문장으로 입력합니다. 학교생활기록부 여러 항목 중 세부능력 및 특기사항과 더불어 가장 강력하고 중요한 영역입니다.

다음의 예시는 학급에서 학업이나 생활 측면에서 가장 우수한 학생에게 기록되는 행동특성 및 종합의견이라고 볼 수 있습니다. 인성적인 측면도 칭찬을 해 주고 학생의 미래에 대해서도 확신에 찬 전망을 해 주는 내용이 매우 긍정적입니다. 행동특성 및 종합의견은 500자까지 기록할 수 있어서 담임교사가 글자 수 제한 내에서 충실하게 기록했다면 학생에게 큰 도움이 됩니다.

행동특성 및 종합의견(예시)

학년	행동특성 및 종합의견
1	학급 내에서 학업성취도가 가장 우수한 편이며 모든 수업에 열정적으로 참여하고 적극적으로 발표하는 탁월한 학생임. 본인이 알고 있는 지식이나 내용을 주변 친구들과 나눌 수 있는 따스한 품성을 지니고 있음. 수업 시간에도 흐트러진 모습을 거의 찾아보기 힘들 정도로 수업에 집중하는 학생임. 본인이 세운 계획대로 자신의 생활태도를 유지하기 위해 노력하는 학생으로 자기관리능력이 뛰어난 학생임. 본인의 진로 분야가 확실하며 그 목표에 다가서기 위해 노력하는 모습이 인상적임. 추후 사회에서 꼭 필요한 인재가 될 것으로 믿어 의심치 않으며, 본인이 생각하는 공무원이라는 직종에서 원칙과 정의를 지키기 위해서 최선을 다하는 자세를 지닐 것이라고 기대됨.

2022학년도 대학 입시부터 교사 추천서가 폐지되었습니다. 담임교사가 자신이 맡은 학생이 어떤지를 설명하는 중요한 참고자료 하나가 사라진 셈입니다. 따라서 학생에 대한 추천서로서 중요한 역할을 하는 항목이 바로 행동특성 및 종합의견입니다.

3학년 담임교사의 평가는 필요 없다

수시 입시를 중심으로 준비하는 학생은 1학년과 2학년 담임교사와 좋은 관계를 유지해야 합니다. 3학년 담임교사가 입시를 지도하고 가장 강력한 영향을 주는 것은 맞지만, 행동특성 및 종합의견만 놓고 본다면 3학년 담임교사의 도움은 필요 없습니다. 3학년 한 학년의 관찰이 마무리되지 않아서 3학년 행동특성 및 종합의견은 수시 입시에서 반영되지 않기 때문입니다. 따라서 추천서 이상의 역할을 하는 행동특성 및 종합의견은 1학년과 2학년 두 기록만 대학에 전송됩니다. 정시 입시에서는 3학년 담임교사의 행동특성 및 종합의견이 기록되고 전송되지만, 정시 입시에서는 수능 시험 이외의 요소들은 합격에 큰 영향을 끼치지 않기에 행동특성 및 종합의견의 중요도는 상당히 떨어집니다.

행동특성 및 종합의견에 수록되는 내용

행동특성 및 종합의견란에는 학생의 장점과 단점이 골고루 작성될 수 있습니다. 담임교사가 학생에 대해 단점 위주로 작성하는 사례는 거의 없습니다. 물론 말썽을 많이 피우는 학생에게 장점만을 써 주는 것은 여간 힘든 일이 아닙니다. 그래도 담임교사는 대부분 학생의 장점과 긍정적인 성장 과정을 기록해 줍니다. 단점이 있었지만 학생의 변화 과정 또는 변화 가능성이 적힌 경우 입학사정관에게 감점을 받을 가능성은 줄어듭니다.

오히려 미사여구만 이용해서 뜬구름 잡는 듯한 내용으로 칭찬만 나열된 행동특성 및 종합의견은 대학 입시에서 좋은 점수를 못 받을 수도 있습니다. 모든 행동특성 및 종합의견은 구체적인 사례를 중심으로 담임교사의 눈으로 관찰된 내용만 기록돼야 합니다. 학생들은 담임교사에게 잘 보이기 위해서가 아니라 본인의 성향대로 충실하게 학교생활을 하는 것이 중요합니다.

10 대학 입시에서 학교생활기록부의 역할

    대학 입시에서 학교생활기록부는 절대적으로 중요합니다. 특히 수시 입시에서는 가장 영향력 있는 문서입니다. 그도 그럴 것이 고등학교 3개년간의 성적을 비롯해 학생에 관한 모든 기록이 담겨 있기 때문입니다.

    학생부는 크게 교과 영역과 비교과 영역으로 나뉩니다. 학생부 교과 전형을 응시하는 학생은 교과 영역만 신경 쓰면 됩니다. 비교과 영역의 출결상황이나 봉사활동 같은 영역도 점수화되기는 하지만 반영 비율이 미미합니다. 학생부 종합 전형을 염두에 두고 있는 학생은 학교생활기록부 모든 영역이 대학 입시에 반영되므로 학교생활기록부의 비중이 절대적이라는 사실을 알아야 합니다.

정량 평가 vs. 정성 평가

대학 입시에서 학교생활기록부의 가장 중요한 항목은 교과학습발달상황, 즉 내신 성적입니다. 아무리 창의력이 뛰어나고 전공 적합성에 맞게 철저히 준비해 왔다 하더라도 성적이 좋지 않은 학생이 상위권 대학에 합격하기는 어렵습니다. 대학교에서는 해당 대학이 요구하는 기본 성적이 된 학생 중에서 다양한 활동을 열심히 해서 비교과 영역이 우수한 학생을 선발하고자 합니다.

학생부 교과 전형은 정량 평가로 선발하고, 학생부 종합 전형은 정성 평가로 내신 성적을 반영합니다. 정량 평가는 국어, 영어, 수학 과목 평균 등급 2.5등급과 같이 대학이 제시하는 기준에 따라 숫자로 표현되는 양적 평가입니다. 정성 평가는 국어, 영어, 수학 평균 등급이 2.4등급인 학생과 2.5등급인 학생 사이에서 질적인 부분도 고려한다면 2.5등급이 더 우수할 수도 있다는 뜻입니다. 예를 들어 평균 등급이 2.5등급인 학생이 국어, 영어, 수학을 제외한 다른 모든 과목이 골고루 우수한 반면, 2.4등급인 학생은 국어, 영어, 수학 과목만 우수하고 다른 과목 성적이 떨어진다면 학교 공부를 두루 학습했다는 측면에서 2.5등급 학생이 더 좋은 점수를 받을 수도 있습니다. 정량 평가이든 정성 평가이든 학교생활기록부의 교과학습발달상황은 대학 입시에서 차지하는 비중이 가장 큽니다.

서류 평가

학교생활기록부의 영향력이 가장 큰 학생부 종합 전형에서 일반적인 평가 요소 4가지는 주로 ① 학업 역량, ② 전공 적합성, ③ 인성, ④ 발전 가능성입니다. 학교생활기록부의 비교과 영역은 교과 성적과 함께 학생 개개인의 능력과 잠재력을 파악할 수 있는 가장 중요한 요소입니다.

다음 표에서 상명대학교의 평가 항목 및 평가 내용을 통해 4가지 평가 요소가 일반적으로 어떻게 반영되는지 알 수 있습니다.

상명대학교 학생부 종합 전형 평가 항목 및 평가 내용

평가 요소	평가 내용	평가 비율	학교생활기록부 항목(예시)
인성	• 학교의 규칙과 원칙을 지키려는 태도 • 자신의 역할에 책임감을 갖고 끈기 있게 임하는 자세 • 공동의 목표를 위해 협동하여 자신의 역할을 다하는 자세 • 타인을 이해하고 배려하는 태도	25%	• 출결상황, 창의적체험활동상황, 행동특성 및 종합의견 등 • 학교폭력 관련 사항 반영
학업 역량	• 학업적 노력 정도 및 성취 수준	20%	• 창의적체험활동상황, 교과 학습발달상황(세부능력 및 특기사항), 행동특성 및 종합의견 등
전공 적합성	• 고교 교육과정 내에서 이루어지는 지원 분야 관련 학업 및 학업 외적인 활동의 내용과 성취 수준	30%	
발전 가능성	• 자신의 꿈을 위해 스스로 계획하여 추진해 나가는 태도 • 관심 분야에 도전 과정 및 성취 수준 • 문제 상황에 직면했을 때 해결책을 가지고 극복하고자 노력한 경험	25%	• 창의적체험활동상황, 교과 세부능력 및 특기사항, 행동특성 및 종합의견 등

※ 상명대학교 입학 홈페이지 모집요강 발췌

4가지 평가 요소는 골고루 중요하며, 대학은 학교생활기록부 항목에 기재된 내용에 따라 학생을 평가합니다. 표에서 알 수 있듯이 교과세부능력 및 특기사항과 행동특성 및 종합의견은 4가지 평가 요소를 거의 모두 살펴볼 수 있는 항목이라서 다른 어떤 학생부 항목보다도 중요합니다.

다음 표를 보면 대학교마다 4가지 평가 요소를 비율을 달리하여 반영하고 있다는 사실을 알 수 있습니다.

주요 대학별 평가 요소별 반영 비율

대학	학업 역량	전공 적합성	인성	발전 가능성
경희대	20%	30%	20%	30%
고려대	40%	40%	20%	-
서강대	50%	-	20%	30%
한양대	30%	30%	20%	20%
인하대	30%	20%	30%	20%
경인교대	25%	40%	35%	-

대학별로 대학이 추구하는 인재상에 따라서 학업 역량, 전공 적합성, 인성, 발전 가능성의 비율이 각각 달라집니다. 고려대와 서강대는 학업 역량이 각각 40%와 50%로 가장 높은 비율로 평가합니다. 즉, 얼마나 공부를 열심히 했고 성적이 좋은지를 보겠다는 의도입니다. 경인교대는 전공 적합성으로 40%, 인성으로 35%을 반영합니다. 교대는 초등교사 양성이라는 목적이 분명한

대학교인만큼 초등교사로서 진로와 적성이 맞는지를 평가하고, 교사로서 적절한 품성을 지니고 있는지를 평가하겠다는 대학교의 의도를 반영하고 있습니다.

학교생활기록부의 역할은 축소되지 않는다

대입제도 공정성 강화 방안에 따라 학교생활기록부에 기재되는 내용이나 반영하는 방법에서 변화가 생겼습니다. 자기소개서와 교사 추천서가 폐지됐고, 대학 입시를 위해 대학교에 제공되는 학교생활기록부 내용이 많이 줄어들면서 대학 입학 관계자들은 학생들을 어떻게 선발하라는 것이냐며 볼멘소리를 하기도 합니다.

다음 표에서 많은 학교생활기록부 항목이 미기재되거나 대학 입시에 미반영되는 내용을 확인할 수 있습니다. 2022학년도 대학 입시부터 학교생활기록부 신뢰도 제고를 위한 방안이 실시되기 시작해, 2024학년도 이후 대학 입시에서는 자율동아리, 개인 봉사활동 실적, 진로 희망 분야, 수상 경력, 독서활동 등이 반영되지 않습니다. 많은 항목이 미기재되거나 대학 입시에 반영되지 않으니, 언뜻 보면 학교생활기록부의 반영 비중이 작아지는 것처럼 느껴집니다. 그렇지만 학생부 자체의 대입 반영 비율이 작아지는 것이 아니라서 상대적으로 학생부 항목 중 '과목별 세부능

대입제도 공정성 강화 방안에 따른 학생부 주요 변경 내용

구분		학생부 신뢰도 제고 방안	대입제도 공정성 강화 방안
		2022학년도 이후 대입	2024학년도 이후 대입
교과활동		방과후 학교 활동 내용 미기재	방과후 학교 활동 내용 미기재 영재·발명교육 실적 대입 미반영
비교과 영역	동아리활동	자율동아리는 연간 1개만 기재 청소년단체활동은 단체명만 기재 소논문 기재 금지	자율동아리 대입 미반영 청소년단체활동 미기재 소논문 기재 금지
	봉사활동	특기사항 미기재 교내·외 봉사활동 실적 기재	특기사항 미기재 개인 봉사활동 실적 대입 미반영
	진로활동	진로 희망 분야 대입 미반영	진로 희망 분야 대입 미반영
	수상 경력	교내 수상 학기당 1건만 대입 반영	대입 미반영
	독서활동	도서명과 저자	대입 미반영

력 및 특기사항'과 '행동특성 및 종합의견' 같은 항목의 영향력은 더욱 커진다고 볼 수 있습니다. 방금 언급한 2가지 항목의 핵심 공통점은 단순한 실적이나 학생 활동의 기록이 아니라 학생을 관찰하는 고등학교 교사의 기록이라는 점입니다. 따라서 학생들은 학교생활을 하면서 교사들과 꾸준히 협력하고 교류하도록 해야 합니다.

11 남다른 학교생활기록부를 만들기 위해 필요한 것

학교생활기록부에는 교사가 학교에서 학생을 관찰한 내용만 기록할 수 있습니다. 교사는 학교의 다양한 프로그램과 수업 상황에서 학생들을 파악하기 위해 오랫동안 노력합니다. 교사가 관찰한 내용을 토대로 서술하게 되어 있지만, 학생들 입장에서는 자신이 활동한 내역이 쭉 나열된 학생부 기록보다는 학교 활동을 통해 변화된 모습이 기록되도록 해야 합니다. 입학사정관들이 알고 싶어 하는 것은 학교 활동 자체가 아니라 그 활동을 통해 학생 본인이 어떻게 변화하고 성장했는가입니다. 학교생활기록부에 학생의 의미 있는 활동이 기록될 수 있도록 학생들은 학교생활에 참여하고 소감문 작성, 발표 등 다양한 방법을 통해서 자신의 생각과 변화상이 교사에게 전달될 수 있도록 꾸준히 피력해야 합니다.

일반적인 내용보다 구체적인 내용으로

현실적으로 대학 입시 담당자가 수험생 개개인의 학교생활기록부를 꼼꼼히 읽고 평가하기 힘든 구조입니다. 따라서 입학사정관 눈에 평범한 내용과 천편일률적으로 모든 학생들에게 있을 법한 내용들은 평가 대상에서 제외됩니다.

다음 예시에서 두 학생의 자율활동 특기사항을 비교해 보면 구체적인 내용이 무엇인지 확인할 수 있습니다.

학교생활기록부 특기사항(예시)

자율활동	특기사항
학생 A	1학기 학급자치회장(2024.03.01.~2024.08.20.)으로서 학생들의 의견을 잘 수렴하고 담임교사를 도와 학급 운영에 도움이 되기 위해 한 학기 내내 꾸준히 노력함.
학생 B	1학기 학급자치회장(2024.03.01.~2024.08.20.)으로서 학급 문고를 설치해 학생들에게 큰 호응을 얻었으며, 국내외 기사를 직접 작성하여 학급에 꾸준히 게시함.

학급회장으로서 일반적인 활동 상황을 기록한 학생 A보다 독창적인 활동을 수행한 학생 B가 더 좋은 평가를 받습니다. 학생부 종합 전형은 단순히 학급회장을 했다는 사실보다는 학급회장으로서 어떤 남다른 실행력을 보여줬는지가 더 중요합니다. 이와 같이 모든 학교생활기록부 내용은 일반적인 내용보다는 학생 자신만의 스토리가 보이는 내용으로 기록되어야 대학 입시에서 유리합니다. 이 때문에 아이의 실력뿐 아니라 그것을 하나의 스토

리가 되도록 학교생활기록부를 써 주는 교사의 역량이 중요합니다. 그래서 학교생활기록부 글을 잘 써 준다고 소문난 선생님의 학급이 되면 아이들이 좋아하기도 합니다.

관심사가 다양한 학생

대부분 자신이 전공하고 싶은 분야에만 몰두하고 본인에게 관계없다고 생각하는 활동에는 눈길조차 주지 않는 학생들이 많습니다. 하지만 문과와 이과가 통합된 교육과정에서 공부하는 학생일수록 더더욱 다양한 활동에 참여하면 좋습니다. 예를 들어 공학계열을 전공하고 싶은 학생이 인문학 특강에서 날카로운 질문을 던지고 토론을 벌여서 강사의 탄복을 자아내게 할 수 있습니다. 사회과학계열을 희망하는 학생이 수학경연대회에서 새로운 방식의 통계 접근법을 제시하여 큰 호응을 얻을 수도 있습니다. 의학계열을 전공하고 싶은 학생이 미술 페스티벌에서 그림을 그려 전시할 수도 있습니다.

이렇게 다양한 학교 행사나 프로그램에서 참여하고 활동한다면, 학교 교사들이 해당 학생을 바라보는 시각이 달라질 것입니다. 모든 활동에서 두각을 나타내거나 모든 대회에서 수상하기는 어려울 수 있습니다. 하지만 신출귀몰하는 홍길동처럼 학교 내 여러 행사에 자리를 함께하고 다양한 모습으로 자신을 표현한다면 학생들 사이에서 두드러져 보입니다. 책상에 앉아 있지만 않고 학교 구석구석을 바쁘게 돌아다니는 학생의 학교생활기록부에는 시간이 지날수록 차곡차곡 충실한 내용이 쌓입니다.

내가 한 일인가? 선생님이 한 일인가?

과목별 세부능력 및 특기사항에 기록되는 내용은 대학 입시, 특히 학생부 종합 전형에서 매우 중요합니다. 학교생활의 대부분을 차지하는 교과 수업 시간에 어떤 활동과 참여를 했는지 고스란히 기록되기 때문입니다. 하지만 간혹 고등학교 교사가 어쩔 수 없이 빈칸을 채우기 위해 쓴 기록이라는 느낌을 주는 학교생활기록부가 있기도 합니다.

학교생활기록부 특기사항(예시)

과목	세부능력 및 특기사항
학생 A	(1학기) 한국사: 임진왜란 때 이순신 장군의 활약에 대해 학습하고 명량대첩과 한산도대첩의 의의를 알게 됨. 영조의 탕평책에 대해서 인지하고 노론 세력에 의존한 사실을 파악함.
학생 B	(1학기) 한국사: 이순신 장군의 전략을 분석하여 학생들에게 설명하고 명량대첩과 한산도대첩의 의의를 발표함. 영조와의 가상 인터뷰를 기사문으로 작성하여 영조의 탕평책을 설명함.

위의 표에서 학생 A와 학생 B의 차이점은 무엇일까요? 교사

입장에서 볼 때 학생 A는 수업 시간에 활동을 거의 안 했거나 자리에 앉아만 있던 학생일 가능성이 높습니다. 모든 학생의 세부 능력 및 특기사항을 작성해야 한다는 지침 때문에 어쩔 수 없이 기본 학습 내용을 적어 준 경우입니다.

학생 B는 수업 시간에 적극적인 학생입니다. 학생 A와 학습 내용과 학교생활기록부 작성 분량은 똑같지만, 교사가 수업한 내용을 학생 본인이 분석하고 발표하고 가상 인터뷰 같은 활동을 진행한 능동적인 모습이 엿보입니다.

좋은 자율활동이란?

자율활동 항목은 고등학교에서 다른 학생들과 비슷한 내용으로 기록되기 가장 쉬운 항목입니다. 자율활동에 주로 기입되는 내용은 학급회의, 체육대회, 축제, 회장 선거, 체험학습 등 거의 모든 학생들이 참여하는 학교 프로그램이기 때문입니다. 그래서 단순 참가 내용보다 학생의 개별적인 특성과 프로그램 참여에 대한 특별한 내용이 더 중요하므로 최대한 구체적으로 작성되도록 해야 합니다. 예를 들어 '학교 금연 캠페인'에 참여했다고 생각해 보겠습니다. '아침 일찍 등교하여 학교 정문에서 학교 금연 캠페인에 능동적으로 참가함'이라고 다른 학생들과 차별 없이 단순하게 기록되는 학생이 있습니다.

반면, 어떤 학생은 '학교 내 흡연 실태의 심각성을 느낀 후 학교 금연 캠페인에 참여하기 위해 피켓 제작과 경고 문구 만들기 활동을 했으며, 학생들의 담배 연기와 담배꽁초가 학교 주변 환경에도 폐해를 준다는 사실을 알게 되어 캠페인 이후에도 자발적으로 환경 정화 활동을 실시함'이라고 쓰일 수도 있습니다.

학교생활기록부에 학교 프로그램에 참여한 동기, 실제 활동 내용, 프로그램 이후 달라지거나 느낀 점 등이 유기적으로 연결되어 기록되면 좋습니다. 프로그램 참여 여부가 중요한 것이 아니라 학교 프로그램을 통해서 학생이 얼마만큼 성장했는지 기록되는 것이 중요합니다. 학교 활동을 통해서 봉사 정신이나 적극적인 태도를 포함하여 본인의 관심 분야가 녹아들어 있다면 금상첨화입니다.

학년 초에 배부하는 학교교육과정 계획서를 체크하여 학교 행사나 프로그램을 미리 알고 준비하면 도움이 됩니다. 학교생활기록부는 학생이 쓰는 것이 아니라 교사가 기록하기 때문에 학생 본인이 학교 활동에 참가한 소감문이나 활동 내역서를 자세히 작성하여 교사에게 제출하는 습관을 들여야 합니다. 다르게 표현하면 학교생활기록부 입력 주체인 교사와 상호 의사소통이 원활하게 이루어져야 한다는 의미입니다.

좋은 동아리활동이란?

동아리활동은 전공 적합성뿐만 아니라 인성까지도 파악할 수 있는 중요한 항목입니다. 동아리를 스스로 선택하거나 자율동아리를 만들어 가는 과정에서 학생의 주도적인 능력을 펼칠 수 있는 기회를 제공합니다.

생기부 작성에 유리하다고 널리 알려진 정규 동아리에 가입하여 활동하는 것도 좋지만, 학생 자신이 스스로 동아리를 만들어도 됩니다. 지도교사만 섭외할 수 있다면 본인의 진로에 맞는 동아리를 만들어서 활동할 수 있습니다.

자율동아리는 주로 학년 초에 구성하는데, 학년이 시작되기 전에 미리 구상을 해 두면 좋습니다. 또 가까운 친구들과 먼저 의논해서 핵심 동아리원을 확보해 두면 동아리를 쉽게 개설할 수 있습니다. 자율동아리의 특기사항은 동아리 이름을 포함하여 30자 이내로 기록하게 되어 있어, 자세한 활동 내용을 담을 수 없습니다. 따라서 동아리의 목적이 분명히 드러나는 동아리 이름을 만들어야 동아리의 성격을 표현할 수 있습니다.

좋은 봉사활동이란?

봉사활동도 동아리활동과 마찬가지로 전공 적합성과 인성을 동시에 살펴볼 수 있는 중요한 학교생활기록부 영역입니다. 봉사활동 특기사항을 기록하는 부분이 삭제되었기 때문에 봉사활동 내역을 의미 있는 내용으로 채워야 합니다. 과거에는 봉사 시간이 많으면 많을수록 좋다고 해서 시간 수를 늘리는 경우가 많았지만 봉사 시간이라는 양보다는 봉사활동의 질이 중요합니다.

남들이 하기 싫어하는 분리수거나 학교를 위해 일하는 방송 도우미나 친구들의 안전에 도움을 주는 교통지도 도우미는 높은 평가를 받습니다. 통합교육 차원에서 장애 학우가 있는 고등학교에서 도움이 필요한 친구를 도와주는 학우 도우미는 배려를 실천할 수 있는 의미 있는 봉사활동입니다. 학교마다 다를 수 있지만 봉사 시간이 인정되는 교내 봉사활동으로는 급식배식활동, 분리수거 도우미, 도서관 도서 정리, 교통 지도활동 등이 있습니다.

좋은 진로활동이란?

학교생활기록부 영역 중에서 700자를 기록할 수 있는 가장 분량이 많은 영역입니다. 관심 분야와 진로 희망이 나타날 수 있는 영역으로 담임교사가 주로 입력합니다.

진로활동은 전공 적합성을 드러낼 수 있는 중요한 영역으로, 고등학교마다 1학년 때부터 다양한 진로 프로그램을 운영합니다. 진로적성검사, 심리검사, 전공박람회, 미래 직업 탐구대회 등 명칭은 학교마다 다르지만 학생들이 진로를 개척하는 데 도움을 주는 행사가 많습니다. 대부분의 진로활동은 전교생을 대상으로 하는데, 다른 학생들과 동일한 내용으로 진로활동 영역이 채워지는 것이 싫다면, 학생이 능동적으로 참가하여 스스로 진로 활동 보고서나 참가 소감문을 작성해 두는 것이 좋습니다.

고등학교에는 학교별로 전문 상담교사와 진로진학 교사가 모두 배치되어 있습니다. 상담교사와 진로교사에 더해서 교과 담당교사 및 담임교사와 상담한 내용, 교내 프로그램에 참여한 활동 내용이 입체적으로 기록된다면 풍성한 진로활동 영역을 완성할 수 있습니다. 학생은 다양한 진로 및 상담교사들과 교류하고 소통하면서 진로활동 입력 주체인 담임교사에게 남다른 진로활동과 상담 내역을 공유하도록 부탁드릴 수 있습니다.

학교생활기록부

1. 고등학교 3년간 학교생활기록부를 20페이지 이상 만들기 위해 노력한다.

2. 질병 결석은 대학 입시에 영향을 주지 않지만, 미인정 결석은 대학 입시에서 불리하게 작용한다.

3. 자신의 진로와 대학 입시에 도움되는 교내 상장을 한 학기당 한 개 이상 받을 수 있도록 한다.

4. 자율활동과 진로활동은 자신의 특기와 진로 희망을 나타낼 수 있는 내용으로 기록되도록 한다.

5. 본인의 진로와 적성을 표현할 수 있는 동아리활동에 적극적으로 참여한다.

6. 봉사활동의 경우 개인 봉사활동보다 학교 봉사활동이 대학 입시에서 더욱 중요하다.

7. 수업 시간에 충실히 참여하고 활동 기록을 충실히 하여 과목별 세부능력 및 특기사항을 풍성하게 만든다.

8. 행동특성 및 종합의견은 폐지된 교사 추천서를 대신하는 중요한 영역이다.

9. 학생부 4가지 평가 요소인 학업 역량, 전공 적합성, 인성, 발전 가능성을 기억한다.

Chapter 2

내신 성적

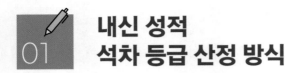

내신 성적
석차 등급 산정 방식

내신 성적 표시 방법

대학 입시에 가장 중요한 비중을 차지하는 것은 단연 고등학교 내신 성적입니다. 중학교와 달리 고등학교의 내신 성적 산출 방식은 다소 복잡하고 과목 특성에 따라 표시 방법도 다릅니다. 따라서 성적 산출 방법을 잘 이해하고 대학 입시에 반영 비중이 높은 과목에 대한 선별적인 접근이 필요합니다.

다음 표에서 과목별로 다른 성적 표시 방법을 확인할 수 있습니다. 2028 대학 입시를 위한 고교 내신 체제는 기존 9등급제에서 5등급제로 개편됩니다. 상대평가라는 방식은 유지되지만, 내신 성적에 대한 과도한 경쟁을 억제시키기 위해 등급간 비율을 늘렸습니다.

과목별 성적 산출 및 대학 제공 방식

구분	절대평가			상대평가	통계정보	
	원점수	성취도	석차등급	성취도별 분포비율	과목평균	수강자 수
보통교과	○	A·B·C·D·E	5등급	○	○	○
사회·과학 융합선택	○	A·B·C·D·E	–	○	○	○
체육·예술/과학탐구실험	–	A·B·C	–	–	–	–
교양	–	P	–	–	–	–
전문교과	○	A·B·C·D·E	5등급	○	○	○

※ 교육부 홈페이지 발췌

　하지만 사회·과학 교과의 융합선택과목은 상대평가 석차등급을 미기재합니다. 주로 3학년 때 배우는 사회문제 탐구, 금융과 경제생활, 기후변화와 환경생태, 융합과학 탐구 등이 해당됩니다.

　아울러 체육·예술·교양 교과(군), 과학탐구실험 과목은 3단계 절대평가 성취도, 즉 A등급부터 C등급까지 표시됩니다. 철학이나 환경 같은 교양 과목은 이수했다는 'P' 표시만 될 뿐, 교양 과목 시험은 치르지 않습니다.

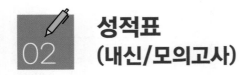

성적표
(내신/모의고사)

　고등학교 내내 학생들은 다양한 성적표를 받아들면서 환호와 좌절을 번갈아 맛보게 됩니다. 학생들은 고등학교 생활 3년 동안 크게 2가지 성적표, 내신 성적표와 모의고사 성적표를 받습니다.

내신 성적표 보는 법

　고등학교 내신 성적표는 학기별로 학생들에게 제공됩니다. 성적표에서 과목별 표기 방법이 다르기 때문에 구분해서 살펴봐야 합니다.

　예시로 든 이 고등학교 3학년 성적표에서 주제 탐구 독서, 생활과학 탐구, 한문, 미적분II, 영미문학읽기 과목은 학생이 획득한

고등학교 3학년 성적 통지표(예시)

학년	교과	과목	단위 수	원점수/과목 평균 (표준 편차)	등급 (성취도)	수강자 수
3	과학	과학의 역사와 문화	3	77/76.5(10.8)	C	52
3	국어	주제 탐구 독서	4	92/57.1(24.8)	1(A)	196
3	기술 가정/정보	생활과학 탐구	2	74/70.2(11.2)	2(C)	92
3	제2외국어/한문	한문	2	61/48.1(18.2)	3(D)	196
3	수학	미적분 II	3	85/62.1(25.4)	2(B)	83
3	영어	영미 문학 읽기	4	93/46.4(25.6)	1(A)	196
3	예술	음악감상과비평	2		B	145
3	교양	논술	1	–	P	–

원점수, 과목 평균, 표준 편차가 모두 표시됩니다. 아울러 성적표
에서 가장 중요한 등급과 함께 5단계에 의한 성취도까지 표시됩
니다. 수강자 수까지 성적과 관련된 모든 요소가 포함되고 대학
입시에 반영되는 중요한 과목입니다.

　과학의 역사와 문화 과목의 경우 과학 교과 내 융합선택과목
에 해당되므로 상대평가 석차 등급은 제공하지 않습니다. 음악감
상과비평 과목의 경우 표준 편차, 석차 등급, 원점수, 과목 평균은
보여주지 않고 3단계 성취도만 제공합니다. 교양 교과군의 논술
과목의 경우 모든 성적 관련 표시 없이 이수했다는 표현으로 'P'
만 표시될 뿐입니다.

모의고사 성적표 보는 법

모의고사 성적표는 대학수학능력시험 성적표와 달리 좀 더 세부적인 성적 정보를 학생들에게 제공합니다. 시도교육청이 재학생만을 대상으로 진행하는 시험인만큼 학생들이 자신의 위치를 파악하고 학업에 도움이 되도록 자세한 성적 관련 내용이 기록되어 있습니다. 반면, 대학수학능력시험 성적표에서는 과목별로 표준 점수, 백분위, 등급만 제공됩니다. 이마저도 영어와 한국사는 절대평가여서 등급만 학생들에게 제공됩니다.

모의고사 성적표에서는 학생이 취득한 원점수를 볼 수 있습니다. 국어, 영어, 수학은 선택 영역 포함하여 100점 만점이고, 한국사와 탐구 영역은 과목별로 50점 만점입니다. 영어와 한국사 같은 절대평가 과목의 경우 원점수를 토대로 등급이 부여되기 때문

모의고사 성적 통지표(예시)

영역		원점수		표준 점수		표준 점수에 의한 석차/백분위/등급				응시자 수
		배점	득점	범위	득점	학급 석차	학교 석차	전국 백분위	등급	
국어		100	96	0~200	134	1/22	2/156	98.73	1	278,146명
수학		100	78	0~200	135	2/22	6/158	93.77	2	277,581명
영어		100	94	원점수에 의한 등급 (1)						280,541명
한국사		50	50	원점수에 의한 등급 (1)						280,588명
탐구	공통사회	50	48	0~100	67	2/22	5/156	92.44	2	270,190명
	공통과학	50	46	0~100	71	1/22	3/156	89.78	2	270,190명

에 원점수가 매우 중요합니다. 영어 영역은 90점이든 100점이든 같은 1등급이므로 90점 언저리에 점수가 형성된 학생들은 안정적인 1등급 점수가 나올 수 있도록 해야 합니다.

학급 석차, 학교 석차, 전국 백분위와 같은 정보를 제공하는 점도 수능 시험 성적표와 크게 다른 점입니다. 수능 모의고사는 전국의 학생들이 경쟁하는 시험이라서 학급 석차나 학교 석차는 의미가 없을 수도 있습니다. 그래도 학급 또는 학교 내에서 상대적으로 상위 등수에 든다면 학급이나 학교의 대표 학생이라는 자신감이 생길 수 있습니다. 교사 입장에서도 상위권 학생에게는 칭찬과 격려를 한 번이라도 더 보내게 됩니다.

가장 중요한 지표는 전국 백분위입니다. 수능 시험 성적표에는 정수화된 백분위가 기록되지만 모의고사 성적표는 소수 둘째 자리까지 표기됩니다. 전체 응시 인원에서 본인의 정확한 위치를 파악할 수 있는 유익한 성적 정보입니다. 이를 바탕으로 전략적으로 등급을 올릴 수 있는 과목을 구분하여 학습 시간이나 노력을 배분할 수 있습니다.

단, 한 가지 유의사항은 전국 모의고사이긴 하지만 참여하지 않는 학교도 상당수 있고 N수생들은 응시하지 않는 시험이라는 사실입니다. 그렇지만 학생들은 모의고사 참여 인원의 많고 적음을 떠나서 고등학교에서 치르는 모든 시험에 최선을 다해야 합니다.

내신 성적

1. 사회·과학 교과의 융합선택과목 등 일부 과목을 제외한 전과목이 5등급 상대평가이므로 과목 내 본인의 석차가 중요하다.

2. 진로 선택과목과 일반 선택과목 중 체육·예술 과목은 절대평가로 성적을 산출한다.

3. 모의고사 성적표에서 영어와 한국사는 등급만 표시된다.

PART IV

현직 교사가
조언하는
고등생활 전략
Q&A

Chapter 1

고등학교 진학 및
준비 전략
Q & A

Q1 현실적으로 어느 정도까지 선행학습을 하고 오는게 좋을까요?

수업에 잘 참여할 수 있을 정도까지

교사 입장에서 가장 예쁜 학생은 수업에 잘 참여하는 학생입니다. 단순히 열심히 듣는 것이 아니라 수업 내용을 미리 파악하고 있고 수업에 도움이 되는 발표와 모둠활동을 하는 학생이 교사 입장에서 최고입니다. 그래서 교과 담당교사의 수업을 잘 듣고 질문도 열심히 하는 학생은 눈에 들어올 수밖에 없습니다.

고등학교 수업은 입시 내용이 많아서 강의식 수업이 많습니다. 교사 입장에서 혼자 강의하는 일이 쉽지 않은데, 수업 강의에 선행 지식이 있는 학생이 응답도 잘하고 상호 소통을 잘한다면 교사는 해당 학생에게 도움을 주기 위해 여러 방면으로 노력할 것입니다.

교사들은 '피그말리온 효과'를 교육 현장에서 많이 경험합니다. 피그말리온 효과란 교육에 관계된 심리적 현상으로 교사와 학생의 상호작용으로 학생의 성적이 향상되는 것을 말합니다. 수업 시간에 열심히 한 학생은 교사가 많이 칭찬하고, 격려 받은 학생은 신이 나서 더 공부를 하는 선순환 구조가 생깁니다. 학생 입장에서는 학생부에 교사의 애정이 듬뿍 담긴 과목별 세부능력 및 특기사항을 선물처럼 받고, 이렇게 담당과목 교사의 관심을 받게 되면 대학 입시에 큰 도움이 됩니다.

이와 반대로 선행학습을 많이 했다고 학교 수업을 소홀히 하는 학생은 손해를 볼 수밖에 없습니다. 수학 수업 시간에 과학 공부를 하고, 영어 수업 시간에 수학 공부를 하는 학생을 좋게 평가하는 교사는 없습니다. 교사는 수업 참여에 소극적인 학생을 잘 기억하지 못합니다. 수업을 방해하거나 수업 시간에 딴짓하는 학생들은 좋은 평가를 받을 리가 없고 학생부에도 충실한 기록이 남지 않습니다.

결론적으로 선행학습의 정도는 각자가 판단해야 할 몫입니다. 선행학습을 많이 한 학생이 수업에 흥미를 잃지 않고 수업 담당 교사의 조력자로서 적극적으로 수업에 참여한다면, 이것이 가장 최선의 선행학습이 아닐까 싶습니다. 참고로 반학기 혹은 1년 정도의 선행까지를 최적으로 보는 시각이 대다수입니다.

Q2 빡센 학교보다 느슨한 일반고에 가서
1등을 하는 게 더 유리할까요?

아이 성향에 따른 선택이 중요하다

이 문제는 학생의 성향이 어떤지가 가장 중요하다고 봅니다. 남들이 모두 선망하는 고등학교여도 학생 본인의 성향과는 맞지 않을 수 있고, 또 비인기 고등학교여서 많은 학생들이 진학을 꺼려해도 어떤 학생에게는 맞는 학교일 수도 있기 때문입니다.

고등학교에서는 11월에 집중적으로 신입생 모집 설명회를 개최합니다. 좋은 신입생을 유치하기 위해서 각 고등학교는 경쟁적으로 홍보전을 벌입니다. 일반적으로 학교를 소개하는 방법에는 2가지 유형이 있습니다.

첫째, 우수한 학생들이 몰리는 인기 학교나 커트라인이 높은 비평준화 지역 고등학교에서는 밀도 있는 교실 수업, 높은 대학 입시 결과, 다양한 학교 프로그램과 적극적인 학생들의 참여 분위기 등 타학교와 차별되는 점을 강조합니다.

둘째, 학생들이 기피하는 비인기 학교나 합격 커트라인이 낮은 비평준화 지역 고등학교는 상위권 학생이 좋은 내신 성적을 얻기 쉽다는 점, 학업 스트레스가 없는 자유로운 분위기 등을 강조합니다.

학생 본인이 주변 분위기에 잘 휩쓸리고 집중력이 떨어지는 성향이라면 학구적인 분위기의 인기 고등학교에 진학하는 게 좋습니다. 좋은 내신 성적을 얻고 싶고 자신의 의지가 강하다면 자유로운 분위기의 비인기 학교를 선택하는 편이 낫습니다. 단, 느슨한 학교라고 1등급이 보장되는 게 아닌 점은 꼭 기억하시기 바랍니다.

닭머리 vs. 용꼬리

흔한 말로 '닭의 머리가 될 것인가? 용의 꼬리가 될 것인가?'는 각 학생의 성향에 따른 선택의 영역입니다. 고등학교를 선택할 때 본인의 입시 전략도 고려해야 할 요소입니다. 학생 본인이 수능 시험에 중점을 두는 정시형 학생인지, 내신을 중시하는 수시형 학생인지도 생각해 봐야 합니다. 일명 정시형 학교에서는 나름대로 수준 높은 수능 시험 문제를 풀면서 밀도 있는 수업을 진행하는 경우가 많습니다. 수시형 학교는 난도 높은 문제에 집중하기보다는 중간 성적 학생들의 수준에 맞춰서 수업을 진행하는 경우가 많습니다.

'닭머리'와 '용꼬리' 사이에서 고민하는 학생들을 공통적으로 만족시킬 정답은 존재하지 않습니다. 본인의 학교생활 성향과 입시 전략에 따라 학생이 선택하고 후회 없이 달려가는 자세가 중요합니다.

특성화고로 진학해 대입을 노린다고 할 때 유의할 사항은 무엇인가요?

대학 입시에서 특성화고 전형이 따로 있어서 특성화고 출신 학생들이 본인의 성적과 실력에 비해서 더 좋은 상위권 대학교에 진학하는 사례를 자주 볼 수 있습니다. 특성화고 관련 전형은 크게 특성화고 특별 전형과 재직자 특별 전형으로 나뉩니다.

특성화고 특별 전형

특성화고 특별 전형은 특성화고교 전형으로 많이 불리는데, 국내 특성화 고등학교 졸업생이나 졸업예정자인 수험생이 지원할 수 있습니다. 가천대, 건국대, 경희대, 경기대 등이 학생부 종합 전형으로 선발하고, 성균관대, 한양대, 수원대, 명지대 등이 학생부 교과 전형으로 선발합니다. 특성화고와 같은 교육과정을 운영하는 종합고도 포함되지만, 마이스터고는 대상에서 제외됩니다. 여기서 주의할 점은 대부분의 대학이 지정한 모집 단위별 동일계열 기준학과에 해당되는 학생들에게만 지원 자격이 있다는 것입니다. 다시 말해 전공 관련 학과 출신이라는 응시 요건이 있기 때문에 대학마다 기준을 명시한 입시 요강을 꼼꼼히 확인해야 합니다. 이런 특성화고 특별 전형은 모집 인원이 다른 전형에 비해 많지 않아서 경쟁률은 다른 전형과 비슷한 수준입니다. 성균관대는 15대 1, 한양대는 10대 1 정도입니다.

재직자 특별 전형

재직자 특별 전형은 3년간 산업체 근무 경력이 있는 학생들이 도전하는 전형입니다. 산업체에서 일했다고 무조건 지원할 수 있는 전형은 아니고, 특성화고 또는 마이스터고를 졸업한 학생이 지원할 수 있기에 특성화고 관련 전형이라고 구분됩니다. 재직자 특별 전형에는 특성화고, 마이스터고, 특성화고와 같은 교육과정을 운영하는 종합고 졸업자가 지원할 수 있습니다.

사실 학부모님 입장에서는 자녀들을 대학 입시만을 위해서 전략적으로 특성화고에 진학시키려고 하지 않습니다. 상위권 대학교에 진학할 확률이 높다고는 하지만, 아직까지 특성화고에 대한 인식이 일반고보다는 좋지 않아서 많은 부모님들이 자녀들의 특성화고 진학 결정을 망설입니다. 특히 교육열이 높은 지역일수록 학생을 일반고나 특목고에 보내서 대학에 진학시키려는 성향이 강합니다. 하지만 고등학교 분위기에 휩쓸리지 않고 특성화 고등학교에서 집중력을 발휘할 수 있는 의지가 높은 학생이라면, 대학 입시에서 유리한 고지를 선점할 수 있는 특성화고에 진학해 특성화고 전형의 기회도 고려해 볼 수 있습니다.

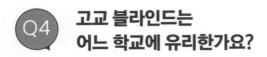

Q4 고교 블라인드는 어느 학교에 유리한가요?

고교 블라인드 제도는 학교생활기록부에는 예전과 다름없이 기록하지만 대입 전형 자료를 생성하고 전송할 때 인적·학적사항, 수상 수여기관, 봉사활동 주관기관(고등학교명)이 삭제되는 시스템을 말합니다. 예를 들면 '○○고 체육대회에서 ……', '○○구 주민센터에서 주최한 ……', '○○천 주변 축제에서 ……'와 같이 학교나 지역 정보를 블라인드 처리 후 대학에 전형 자료로 제공하는 것입니다. 이는 교육열이 높은 도시 지역에 있는 학교보다 시골이나 이름이 알려지지 않은 신설 학교가 좋지 않은 평가를 받는 것을 방지하기 위해서 도입되었습니다.

교사 입장에서 고교 블라인드를 위해 학교생활기록부를 수정하고 기록하는 일은 상당히 힘들고 번거로운 일입니다. 교사들은 이미 작성된 학교생활기록부에서 학교명이 나타나는 행사나 동아리명을 일일이 수정하고 삭제하는 작업을 오랜 시간 진행했습니다.

사실 학교명을 생활기록부에서 삭제해도 자사고나 특목고는 일반고와 교육과정이 뚜렷이 달라서 다른 고등학교들과 구별됩니다. 따라서 고교 블라인드의 핵심은 일반고 내에서 이 제도의 효과가 있느냐 여부인데, 학군이 좋은 지역의 일반고와 그렇지 않은 지역의 일반고에서 희비가 엇갈릴 수 있습니다. 주변 환경이 좋은 지역 내 일반고는 고교 블라인드가 자신들에게 불리하다고 말하고, 교육열이 상대적으로 높지 않은 지역 일반고에서는 고교 블라인드로 인해 대학 입시에서 도움을 받았다고 말합니다.

학군이 좋은 일반고에 다니는 학생은 다른 고등학교의 동일 내신 등급 학생보다 실력이 우수하다고 볼 수 있습니다. 예를 들어 내신이 치열한 일반고에 재학 중인 학생은 내신 등급이 2등급이어도 모의고사 성적은 1등급일 수 있습니다. 반대로 전반적으로 성적이 낮은 일반고에서 내신 2등급인 학생은 모의고사 성적이 3등급 이하로 높지 않을 수 있습니다.

어떤 학생에게 유리한지에 대해 여전히 설전이 오가고 있지만, 고교 블라인드의 취지는 모든 일반고 학생들을 동일하게 바라본다는 점입니다. 이 고교 블라인드는 이미 도입되어 있는 제도이며 한동안 유지될 것입니다. 고교 블라인드를 무력화시킬 수 있는 특목고나 자사고로 진학할 것인지 고교 블라인드로 인한 혜택을 볼 수 있는 일반고로 진학할 것인지 학생들은 신중히 고민해야 합니다.

고등학교 진학 및 준비 전략 Q & A

1. 선행학습은 학생 특성에 따라 달라질 수 있지만, 학교 수업에
   흥미를 잃지 않도록 해야 한다.

2. 내신 성적 경쟁이 치열한 학교와 자유로운 분위기의 학교 간
   장단점을 고려하여 고등학교 지원을 결정한다.

3. 분위기에 휩쓸리지 않는 성향의 학생이라면 특성화고에
   진학하여 특성화고 대입 전형 지원을 고려해 볼 수도 있다.

4. 고교 정보 블라인드는 특목고나 자사고에는 불이익이 많지
   않지만, 일부 우수 일반고에는 불리하게 작용할 수도 있다.

Chapter 2

입시 대비 전략
Q & A

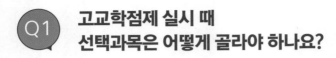

Q1 고교학점제 실시 때 선택과목은 어떻게 골라야 하나요?

고교학점제 내에서 선택과목은 두 가지 측면에서 선정할 수 있습니다. 첫 번째는 학생 자신이 전공하고 싶은 분야와 관련된 과목을 선택하는 방법입니다. 두 번째는 본인이 최대한 좋은 성적을 받을 수 있는 방법을 고려하는 것입니다. 즉, 진로와 성적이라는 2가지 요소가 선택과목 선정에서 고려해야 할 중요한 사항입니다.

전공 연계 과목을 필수적으로 선택하라

고교학점제의 핵심 내용은 바로 학생 스스로 본인이 공부하고 싶은 과목을 선택하는 것입니다. 이런 점 때문에 어떤 과목을 선택해야 대학 입시에서 유리할지 고민하는 학생들이 많습니다.

서울대학교는 '2024학년도 대학 신입학생 입학전형 예고사항'을 통해 전공에 따른 교과 이수 권장과목을 제시하고 있습니다. 해당 전공을 공부하기 위해 고등학교 교육과정에서 배우길 추천하는 과목들이며, 이 중에서 '핵심 권장과목'은 필수적으로 이수

서울대 전공 연계 교과 이수 과목(예시)

모집 단위		핵심 권장과목	권장과목
사회과학대학	경제학부	없음	미적분, 확률과 통계
사범대학	지리교육과	없음	한국지리, 세계지리, 여행지리
자연과학대학	화학부	화학 II, 미적분	확률과 통계, 기하
	생명과학부	생명과학 II, 미적분	화학 II, 확률과 통계, 기하
공과대학	화학생물공학부	물리학 II, 미적분, 기하	화학 II 또는 생명과학 II
	산업공학과	미적분	확률과 통계
의과대학	의예과	생명과학 I	생명과학 II, 미적분, 확률과 통계, 기하

※ 출처: 서울대학교 2024학년도 대학 신입학생 입학전형 예고사항

하도록 권하고 있습니다.

표에서 보면, 서울대학교 생명과학부에서는 과학 교과에서 생명과학 II를 핵심 권장과목으로, 화학 II를 권장과목으로 정하고 있습니다. 생명과학 분야에 관심이 있는 학생들은 생명과학 과목과 화학 과목을 이수할 경우 대학 입시에서 도움이 될 수 있습니다.

물론 학생의 전공 희망 분야가 중간에 달라질 수도 있고 실제 대학 입시에서 모든 학과를 동일하게 지원하라는 법도 없습니다. 서울대학교에서 권장하는 교과목을 이수하지 않았다고 지원하지 못하는 것도 아닙니다. 그렇지만 대학 입시에서 서류를 평가할 때 학생이 어떤 과목을 이수했는가와 그 성취도, 과목별 세부능력 및 특기사항 내용 등을 의미 있게 검토할 수 있으므로 권장과목을 파악해서 선택하는 것은 중요합니다.

대다수의 고등학교에서는 1학년 1학기에 선택과목에 대한 설명과 기초 조사를 실시하여 2학기 초반에 선택과목을 확정하고 선택과목 인원 수 등을 조정합니다. 따라서 진로를 고려해 선택과목을 정하려 한다면 1학년 2학기 시작 전 즉, 여름방학 전까지는 본인의 진로를 구체화해 두는 것이 좋습니다.

진로 연계보다는 좋은 성적을 원한다면?

모든 대학들이 특정 과목 이수를 권장하지는 않습니다. 서울대학교에서도 사범대학이나 사회과학대학 내의 다른 학과에서는 특정 과목을 이수하라고 하는 핵심 권장과목을 제시하지 않습니다.

앞서 말했듯이 아직 진로를 정하지 못한 고등학교 1학년 학생들이 많습니다. 심지어 고등학교 3학년이 되고 대학 입시가 코앞이어도 지원할 학과를 정하지 못한 학생들도 많습니다. 따라서 본인의 전공과 연관성이 있는지 여부가 중요하지 않고 조금이라도 성적에 유리한 과목으로 선택하려는 학생들도 의외로 많습니다.

고등학교 융합선택 과목 중 사회·과학 교과(9개 과목)는 상대평가를 병기하지 않는 절대평가라서 상대적으로 좋은 성취도를 받기 쉽습니다. 수강 인원이 적거나 난도가 높은 과목이어도 90점만 넘으면 A등급을 받는 절대평가여서 성취도 획득에 유리합니다. 하지만 5등급이 산출되는 상대평가라면 난도가 높은 과목이나 수강 인원이 적은 과목에서는 높은 등급을 받기 어려운 상황이 발생하기도 합니다.

관심 있는 과목이거나 본인에게 필요하다고 판단되는 과목이 사회·과학 교과의 융합선택과목이라면 수강 인원이 적거나 난도가 높더라도 성적에 대한 부담감이 다소 덜합니다. 반대로 좋은 등급을 확보하는 것이 중요한 상황이라면 비교적 수강 인원이 많은 일반 선택과목을 선택해 내신 성적을 끌어올리는 전략이 필요합니다.

가장 이상적인 것은 학생이 본인의 진로를 1학년 입학 전부터 확실히 정한 상태에서 조금이라도 좋은 성적을 받을 수 있는 교과목을 선택하는 일입니다. 자신이 처한 상황에서 최선을 선택할 수 없다면 차선을 선택하고 집중해서 학습하는 자세를 가져야 합니다.

전국연합학력평가와 대학수능모의평가의 차이점은 무엇인가요?

전국연합학력평가와 대학수능모의평가의 가장 중요한 차이점은 시험 출제 주체입니다. 전국연합학력평가(교육청 모의고사)는 시·도 교육청별로 순서를 돌아가며 출제하고, 수능모의평가는 한국교육과정평가원에서 전적으로 출제의 책임을 집니다.

대학수학능력시험 모의고사 비교

구분	대학수능모의평가	전국연합학력평가
주관	한국교육과정평가원	시·도교육청
대상	고3 학생, N수생	고3 학생
특징	실제 수능 시험과 가장 유사	실제 수능 시험 연계율이 낮은 편

대학수능모의평가

실제 수능 시험을 출제하는 한국교육과정평가원이 주관하며 고등학교 3학년 재학생과 N수생을 대상으로 실시하는 시험입니다. 6월과 9월에 두 번 모의평가가 실시됩니다. 고등학교와 입시 학원에서 동시에 실시되며, 입시 학원을 다니지 않는 N수생들은 출신 고등학교에 신청해서 후배 학생들과 함께 시험을 치릅니다.

수능 시험을 출제하는 기관에서 실시하므로 실제 수능 시험 출제위원들이 출제하고 검토합니다. 따라서 수능 시험과 문제 유형, 출제 경향, 난이도 등이 매우 유사할 수밖에 없습니다. 요즘에는 고등학교 교사도 시험 출제에 많이 참여하지만, 대학 교수진이 중심이 되어 모의평가 문제를 출제합니다. 여러 가지 측면에서 실제 수능 시험을 예측할 수 있는 가장 신뢰성 높은 시험이며 수능 시험과 동일하게 EBS 연계율을 적용하여 출제됩니다.

전국연합학력평가

한국교육과정평가원 모의고사와 가장 다른 점은 전국연합학력평가는 시·도 교육청에서 주관하여 출제한다는 점입니다. 전국연합학력평가의 출제진은 교육청별로 인력풀을 구성하여 현직 교사 중심으로 구성됩니다. 문제의 구성이나 질적인 측면은 한국교육과정평가원 모의고사에 절대 뒤지지 않습니다.

반면, 전국연합학력평가 출제 교사는 수능 시험 출제위원이 아니라서 실제 수능 시험 출제 경향이나 연관성이 높을 수가 없습니다. 고등학교 3학년 학생 입장에서는 N수생이 거의 응시하지 않기 때문에 상대적으로 성적이 높게 나오는 경향이 있습니다. 다시 말하면 전국연합학력평가 성적을 학생 본인의 실제 수능 시험 예상 성적으로 단정해서는 안 됩니다.

Q3 수학, 영어 등 특정 과목을 못해도 대학에 갈 수 있나요?

대학 입시에서 특정 과목을 못해도 대학 진학은 가능합니다. 하지만 학생이 원하는 대학이 서울 지역 내 상위권 학교라면 진학하기 어렵습니다. 상위권 학교들은 모든 영역을 잘하는 학생을 뽑으려는 경향이 있기 때문입니다.

2022학년도 일부 대학 수시 과목별 반영 방법

대학	반영 교과목 및 반영 방법
고려대	'원점수, 평균, 표준 편차, 석차 등급'이 기재된 모든 교과
고려대(세종)	국어, 영어, 수학, 사회 교과에 속한 전 과목(인문계열)
건국대	국어, 영어, 수학, 사회, 과학, 한국사 교과에 속한 전 과목
건국대(글로컬)	국어, 영어, 수학, 사회 교과에 속한 전 과목(인문계열)
호서대	국어, 영어, 수학, 사회, 과학 교과 중 상위 3개 교과에 속한 전 과목

수시 입시에서 많은 상위권 대학들은 학생들에게 고등학교 때 배운 거의 모든 과목의 성적을 요구합니다. 일부 기술·가정이나 한문 같은 교양 과목은 입시에 반영되지 않은 경우가 있지만, 상

위권 대학들은 국어, 수학, 영어, 사회, 과학 교과에 해당되는 모든 과목들을 수시 입시에서 다 반영합니다.

반대로 지방 캠퍼스를 살펴보면 인문계열은 과학 교과 성적을 반영하지 않고, 자연계열은 사회 교과 성적을 반영하지 않는 대학교가 많습니다. 수시 입시에서 고려대 서울캠퍼스는 모든 교과를 반영하지만 고려대 세종캠퍼스는 인문계열의 경우 과학 과목 성적을 반영하지 않습니다.

아울러 몇몇 지방대는 수시 입시 반영 과목을 특정해서 지정하지 않기도 합니다. 호서대의 경우 학생들이 고등학교 때 배운 교과목 중에서 학생 본인의 성적이 우수한 3개 교과만 수시 입시에서 반영합니다. 쉽게 말해서 영어, 수학을 못해도 국어, 사회, 과학 3개 교과 성적이 우수한 학생은 호서대 입시에서 전체 과목을 잘한 학생과 동등하게 입시 경쟁을 펼칠 수 있습니다.

2022학년도 일부 대학 정시 수능 시험 과목별 반영 비율

대학	국어	수학	영어	탐구	한국사
고려대	40%	40%	등급별 감점	20%	등급별 감점
고려대(세종)	40%	(20)%	40%	(20)%	
연세대	33.3%	33.3%	16.7%	28.6%	
연세대(미래)	28.3%	28.3%	14.1%	28.3%	1
홍익대	30%	30%	15%	25%	
홍익대(세종)	(40)%	(40)%	20%	40%	

※ 괄호 표시된 영역은 학생이 반영 영역을 선택할 수 있습니다.

서울의 상위권 대학 대부분은 정시 입시에서 국어, 수학, 영어, 탐구의 모든 영역을 반영합니다. 대학교마다 비율은 조금씩 다르지만 특정 영역을 반영하지 않는 대학교는 거의 없습니다. 하지만 지방 캠퍼스로 눈을 돌려보면 전 영역을 반영하지 않는 대학들이 꽤 있습니다.

　고려대 세종캠퍼스는 수학 영역이나 탐구 영역 중에서 본인이 자신 있는 영역을 학생들이 선택할 수 있도록 허용합니다. 극단적인 예로, 수학을 못하는 학생이 탐구과목 시험을 잘 봤다면 고려대 세종캠퍼스를 지원하는 데 불이익이 없습니다. 홍익대 세종캠퍼스는 수험생에게 수능 국어와 수학 성적 중 하나를 고르도록 선택권을 주고 있습니다. 학생들은 국어 영역 점수와 수학 영역 점수 중 유리한 성적을 대학교에 제출하면 됩니다.

　학생들이 모든 교과목의 성적을 우수하게 받기란 대단히 어렵습니다. 또 어떤 학생들은 수학이나 영어 같은 특정 과목은 못해도 국어와 사회 같은 과목에서 독보적인 실력을 보이기도 합니다. 입시 현실에서는 좋은 대학일수록 모든 교과목을 열심히 한 학생을 선발하고자 합니다. 역설적이지만 인문계열 지원 학생의 수학 과목 성적이 상대적으로 높은 경우 최상위권 대학에 입학할 확률이 높아집니다. 반대로 특정 과목을 못하면 진학을 꿈꿀 수 있는 대학의 범위가 줄어든다고 생각하면 됩니다.

Q4 1, 2학년 때 진로와 다르게 3학년 때 진로를 변경했다면 어떻게 준비해야 할까요?

학생들의 꿈과 진로는 언제든지 바뀔 수 있습니다. 고등학교 입학 때부터 본인의 진로와 적성이 변하지 않는 경우가 오히려 더 적습니다. 꿈은 언제든지 바뀔 수 있고 학생 자신의 관심사도 새롭게 생겨날 수 있으므로 바뀐 진로와 꿈을 설명할 수 있는 길을 찾아야 합니다. 즉, 진로가 바뀌게 된 계기를 주변 사람들에게 잘 표현하면 됩니다.

예전에는 학교생활기록부를 보완하는 개념으로 자기소개서와 교사 추천서를 이용할 수 있었습니다. 학생 스스로 진로 변경 사유를 설명할 수 있었고, 교사가 관찰한 내용을 토대로 교사 추천서에 학생이 꿈을 바꾼 이유를 기록할 수 있었습니다. 하지만 현재 자기소개서와 교사 추천서가 폐지된 상황이어서 다른 방법으로 진로가 변경된 이유를 밝혀야 합니다. 우선은, 창의적체험활동 중 진로활동 항목에서 진로 변경 사유를 풀어낼 수 있습니다. 학교 진로활동 중 어떤 계기로 인해서 학생의 꿈이 바뀌었다고 기록할 수 있다는 뜻입니다.

행동특성 및 종합의견 항목에서도 학생의 진로 내용을 담아낼 수 있습니다. 학생을 가장 밀착해서 관찰하는 담임교사가 담당학생의 진로 변경 내용을 행동특성 및 종합의견에 기록할 수 있습니다. 아울러 학생이 수업 시간 중 교과 담당교사 앞에서 자신이 진로를 변경했다는 사실을 다양한 과제나 발표에서 보여줄 수 있습니다. 이를 관찰한 교과 담당교사는 과목별 세부능력 및 특기사항 항목에서 학생의 변화된 모습을 객관적으로 기술할 수 있습니다.

학생 주변의 많은 교사들이 학생의 성장에 관심을 가지고 그 내용을 학교생활기록부 기록으로 이어지게 한다면 학생의 변경된 진로를 얼마든지 설명할 수 있습니다.

육사, 경찰대, 한예종 같은 특수학교 지망자는 어떻게 준비해야 하나요?

특별법에 의해 설치된 3군 사관학교(이하 '육사, 공사, 해사'), 경찰대, KAIST, 한국예술종합학교(이하 '한예종') 등은 일반 대학과 달리 대학교별 자체 일정과 방법으로 학생들을 선발합니다. 별도의 입시를 치르므로 일반 대학의 수시 6회 지원이나 정시 3회 지원에도 해당되지 않습니다.

주요 특수 목적대 대학 입시 방법

대학교	1차 시험	2차 시험
한국예술종합학교	구술, 실기 시험, 논술, 내신 성적 등	전공 실기, 면접, 구술 시험, 자유글쓰기 등
경찰대	국어, 영어, 수학 시험	신체 검사, 체력 검사, 적성검사, 면접 전형
3군 사관학교	국어, 영어, 수학 시험	신체 검사, 체력 검정, 면접

한예종은 음악원, 무용원, 영상원, 연극원 등 각 단과대별로 입시 방법이 다양합니다. 음악원 내에서도 기악의 종류에 따라 또 세분화됩니다. 수능 시험 성적이나 내신 성적은 입시 반영 비율이 낮거나 반영되지 않고 대학 자체 시험 방법에 따라 학생들을

선발합니다. 논술과 글쓰기 등 한예종 자체 시험은 까다롭다고 알려져 있습니다. 따라서 한예종 진학을 희망하는 학생들은 사전에 본인이 원하는 전공 학과는 어떤 방법으로 입시를 진행하는지 꼼꼼히 살펴봐야 합니다.

경찰대, 육사, 공사, 해사는 자체적으로 국어, 영어, 수학 시험을 통해 1차 시험을 진행합니다. 2차 시험은 주로 신체검사와 면접 전형, 적성검사 등으로 이루어집니다. 최종적으로 학생을 선발할 때는 1차, 2차 성적과 더불어 수능 시험 성적과 내신 성적을 동시에 반영합니다.

경찰대나 3군 사관학교는 기본 체력과 더불어 군인이나 경찰이라는 직업에 적합한 적성을 갖춘 학생을 선발하려고 합니다. 기본 조건과 함께 국어, 영어, 수학 성적이 합격에 영향을 많이 끼칩니다. 1차 시험과 수능 시험 성적 모두 국어, 영어, 수학 과목의 비중이 높기 때문에 평소 중요 과목 성적이 높은 학생들의 합격률이 높은 편입니다.

KAIST(한국과학기술원), UNIST(울산과학기술원), GIST(광주과학기술원), DGIST(대구경북과학기술원)와 같은 국립 특수대도 각 대학별 전형에 의해 학생들을 선발합니다. 2022학년도 입시부터는 KENTECH(한국에너지공과대학교)도 신설되었습니다. 아울러 국군간호사관학교나 한국전통문화대도 각각 특수한 목적을 갖고 있는 국립대학교이므로 관심 있는 학생은 대학교 입시 요강을 자세히 살펴보길 추천합니다.

아이가 고1 때부터 정시로 방향을 틀고
내신 성적은 포기하겠다고 합니다.

고등학교 1학년 때부터 정시 입시를 준비하는 학생에게는 성급하게 결정하지 말라고 조언해 주고 싶습니다. 대학을 진학할 수 있는 방법 중 가장 큰 비중을 차지하는 수시의 기회를 버리는 것은 결코 좋은 시도가 아닙니다.

대학 입시를 치르는 학생들에게 크게 보면 수시 6회와 정시 3회의 기회가 있습니다. 9번의 기회에서 모두 합격한다 해도 결국 진학하는 대학은 한 군데뿐이니 수험생 입장에서는 한 번만 대학 입시에서 성공하면 됩니다. 예를 들어 수시 입시는 신경 쓰지 않고 학생 본인이 원하는 정시 다군 한 군데 대학만 지원해서 합격하면 진학 목표를 이룬 것입니다. 수시를 치르는 학생들보다 합격의 기쁨을 몇 달 늦게 누리는 것 빼고는 3월에 대학 생활이 시작되는 건 다르지 않습니다.

이렇다 보니 언뜻 보면 고등학교 1학년 때 자신 없는 내신을 포기하고 정시 입시에 집중하는 전략도 나쁘지 않아 보입니다. 오히려 고등학교 3년 내내 내신 성적에 끌려 다니면서 내신도 망치고 수능 시험도 망치는 학생보다 입시 전략을 빨리 세운 것처럼 보이기도 합니다. 하지만 1학년 때부터 내신 성적을 포기하고 정시 입시만을 준비하기에는 고등학교 3년이라는 시간이 너무 깁니다. 3년 동안 정시만 바라보고 수능 시험 준비만 하면서 수시의 기회를 날릴 수는 없습니다. 본인이 목표로 하는 대학에서 요구하는 내신 성적에 미치지 못하더라도 3학년 때 수시 입시에 도전할 수 있도록 기본적인 노력은 해야 합니다. 특히 재학생이 본인의 내신 성적보다 수능 시험 성적이 월등히 우수한 경우는 거의 없습니다. 확률적으로 재학생이 수능 시험 중심인 정시 입시에서 좋은 성과를 내기도 어렵습니다. N수생의 길을 걷는다고 해도 포기했던 내신 성적은 계속 따라다니면서 대학 지원의 기회를 줄어들게 만듭니다. 1학년 때부터 내신 성적을 포기하면 후회할 일이 많을 수 있습니다. 절대 포기하지 않도록 해야 합니다.

고1, 2때 놀았어도 고3때 정신 차려서 바짝 공부하면 대학 진학이 가능할까요?

고등학교 3학년만 열심히 해서 대학 입시에서 성공하는 일은 거의 불가능합니다. 반대로 말하면 고등학교 1, 2학년 때 열심히 한 학생이 고등학교 3학년 때만 바짝 정신 차려서 공부한 학생에게 따라잡히는 사례는 거의 없습니다. 사실 대학 입시는 단기간에 공부해서 높은 성과를 나타낼 수 없을 뿐만 아니라, 잠깐의 노력으로 대입 결과가 바뀌는 입시 구조는 공평하다고 볼 수 없을 것입니다.

내신 성적의 변화

다음의 '학년별 석차 등급 변화 및 성적 비교' 예시에서 학생 A, 학생 B, 학생 C는 1학년과 2학년 때 성적이 동일합니다. 모두 평균적으로 2등급 후반에서 3등급 중반대 성적입니다. 학생 A는 3학년 때도 비슷한 성적을 거두어 마찬가지로 3개 학년 종합 평균 성적은 2등급 후반을 기록했습니다.

학생 B는 3학년 때 2등급 초반의 성적을 획득했습니다. 그리

학년별 석차 등급 변화 및 성적 비교(예시)

학년	석차 등급		
	학생 A	학생 B	학생 C
1학년	3.42	3.42	3.42
2학년	2.72	2.72	2.72
3학년	2.71	2.23	1.95
전학년(학년반영비율구분없음)	2.95	2.79	2.70

고 학생 C는 3학년 때 1등급대 성적을 기록했습니다. 놀라울 만
큼 비약적으로 성적이 향상된 것이지만 학생 B와 학생 C의 종합
평균 등급은 여전히 2등급 후반대입니다.

대학 입시에서 거의 모든 대학이 학년별 성적 비율을 동일하게
반영하므로 3학년 때 성적만 높다고 전체 3개년 성적이 월등히
높아지지 않습니다.

변화를 알릴 수 있다

내신 성적을 수치화해서 평가하는 수시 교과 전형에서는 3학
년 때 성적 향상이 전체 성적에 많은 영향을 끼치지 않습니다. 하
지만 학생 C처럼 3학년 성적에서 획기적인 변화를 보여준 학생
은 학생부 종합 전형에서 노력하고 발전하는 모습을 입학사정관
에게 분명히 보여줄 수 있습니다. 또 정시 입시를 준비하는 학생
이라면 고3 때 피나는 노력을 하면 수능 시험 점수를 많이 올릴
수도 있습니다.

내신 성적만 생각한다면 3학년 때 정신 차려서 성적을 올려놔도 큰 변화가 없지만, 학생부 종합 전형이나 정시 전형에서는 분명 달라진 결과를 받아들 수 있습니다. 또 대학 입시를 떠나서 3학년 때 확 달라진 학습 태도를 보여주는 학생은 주변 사람들이 다르게 평가할 수밖에 없고 더욱 발전할 것이라는 기대를 품게 합니다.

수시 원서 6장은 어떤 식으로 어떤 기준으로 써야 할까요?

수시 원서 6장을 어떤 식으로 써야 한다는 법칙은 존재하지 않습니다. 학생 자신이 처한 상황과 자신만의 전략에 따라서 달라질 뿐입니다. 사실 수시 지원 6회의 기회를 모두 사용하는 비율은 약 60% 내외입니다. 일부 학생들은 5회 지원하기도 하고, 어떤 학생들은 본인이 원하는 대학교 한 군데만 지원하기도 합니다. 학생에 따라서는 본인이 정말 진학하고 싶어 하는 대학교의 학과에 교과 전형, 종합 전형, 논술 전형 등으로 전형을 달리하며 수시 기회를 쓰기도 합니다. 다른 말로, 고른 기회 전형 등 자격 조건만 되면 6개 지원 기회를 한 대학교에 몰아서 하는 것도 가능하다는 이야기입니다.

가장 많은 수시 입시 지원 패턴은 학생부 교과 전형으로 2~3개 대학을 지원하고, 3~4개 대학은 학생부 종합 전형으로 지원하는 전략입니다. 학교생활기록부를 충실히 만들어 온 학생들은 교과 전형과 학생부 종합 전형을 적절히 배분해서 지원합니다. 커트라인이 비교적 확실한 교과 전형에서는 안정 지원하고, 나머지 대학들은 학생부 종합 전형으로 상향 도전하는 경우입니다.

학교생활기록부 내용이 충실하지 않고 수능 모의고사 성적이 높은 학생은 수시에서 주로 논술 전형에 도전합니다. 수시 6회 지원 기회를 모두 논술 전형으로 도전하는 학생은 내신 성적에 크게 신경 쓰지 않고 수능 시험과 논술 준비에만 매진합니다.

학생의 성향에 따라 입시 전략이 달라지기도 합니다. '나에게 재수는 없다'며 한 번의 입시로 대학에 진학하고자 하는 학생은 안정 하향 지원을 합니다. 반면, 대학 목표가 높고 재수에 대한 두려움이 없는 학생은 커트라인이 높은 대학을 공격적으로 지원합니다. 몇몇 학생들은 3학년 학기 초에 자신들의 수능 시험은 600일 남았다고 말하기도 합니다. 해당 학생은 재수를 염두에 두고 있다는 의미입니다.

수시 지원의 기준은 6월과 9월 모의평가 성적입니다. 모의평가 성적을 기준으로 정시 입시에서 지원할 수 있는 대학을 정하고 해당 대학보다 상위권 대학을 지원합니다. 이때 주의해야 할 점은 실제 11월 대학수학능력시험에는 반수생까지 포함하여 모든 N수생들이 참여하기 때문에 학생이 실제 받아들 성적은 6월, 9월 모의평가보다 다소 밀릴 수 있다는 것입니다. 학생들은 자신들의 성향과 지원 전략을 잘 생각하고 수시 지원 6회의 기회를 잘 배분하여 대학에 지원해야 합니다.

Q9 수능 시험 직전에는 무엇을 준비해야 하나요?

수능 시험 직전에 필요한 건 무엇보다도 멘탈 관리입니다. 학생들이 지금까지 치러온 시험 중에서 가장 중압감을 가질 수밖에 없는 수능 시험에서 최선의 결과를 얻기 위해서는 평정심을 유지하는 것이 가장 중요합니다. 평소 실력의 90%만 보여주면 된다는 마음으로 시험에 임해야 합니다. 수능 시험 당일에 실력을 120% 보여주려고 하다가는 오히려 역효과를 볼 수 있습니다.

선택과 집중

수능 시험은 영역별로 나눠서 치르는데 수능 시험이 얼마 남지 않은 시기에서는 모든 영역에 학습 시간을 동일하게 할애할 필요가 없습니다. 본인이 지원하고 싶은 대학에서 반영 비율이 높은 과목에 수능 시험 전 학습 시간을 투자해야 합니다. 새로운 문제를 풀려고 하지 말고 지금 현재 실력을 유지하기 위해 틀렸던 문제들이 정리되어 있는 오답노트 중심으로 마지막 학습을 하는 편이 좋습니다.

수능 시험은 아침부터 오후까지 치르는 시험이라 9시 등교제를 오랫동안 실시한 지역에서는 학생들이 8시 10분까지 시험장에 입실하는 것조차 힘든 일입니다. 평소보다 일찍 자고 일찍 일어나는 습관을 들여서 시험장에 가야 합니다. 수능 시험 일정처럼 오전에는 국어와 수학을 공부하고 오후에는 영어와 탐구과목 문제를 풀면서 감을 익히는 것을 추천합니다.

부모님의 수능 시험 준비

부모님은 자녀들에게 잔소리를 하기보다 묵묵히 지켜보시는 것이 좋습니다. 많은 부모님들이 본인이 입시를 준비했던 시절을 떠올리면서 여러 가지 조언을 하고 싶어 합니다. 하지만 부모님의 충고나 조언보다는 평소처럼 편안하게 자녀들을 대해 주시길 추천합니다. 백 마디 말보다 응원의 눈빛과 함께 손을 꼭 한번 잡아주시기 바랍니다.

수능 시험일에 부모님께서는 평소와 비슷한 식단으로 학생들이 잘 소화시킬 수 있는 따뜻한 도시락을 준비해 주시면 됩니다. 수능 추위에 대비해서 여분의 옷과 마실 물을 챙기는 것도 중요합니다. 요즘 학생들은 휴대전화로 시간을 확인하고 개인 손목시계가 없는 경우가 많은데, 수능 시험 교실에는 벽시계가 없으므로 자녀들을 위해 아날로그 시계도 꼭 챙겨 주셔야 합니다.

교사 추천서와 자기소개서가 폐지되면 어떤 요소가 중요해지나요?

2022학년도 대학 입시부터 교사 추천서가 폐지되었으며, 2024학년도 학생부 종합 전형부터 자기소개서가 폐지되었습니다. 학교생활기록부 내용을 보완해 온 중요한 입시 전형 자료가 사라진 셈입니다. 교사 추천서와 자기소개서가 폐지되면 당연히 학교생활기록부의 위상이 높아집니다. 한양대와 같이 면접이나 다른 입시 과정 없이 학교생활기록부 서류 내용만으로 학생을 선발하는 학생부 종합 전형에서는 학생부의 중요성이 더욱 커집니다.

50명의 추천서, 학교생활기록부

학생들의 학교생활기록부는 고등학교 3년간의 기록입니다. 앞에서도 밝혔지만 학교생활기록부를 완성하는 교사는 한두 명이 아닙니다. 3년간 학생 한 명과 관련되는 교사는 담임교사, 과목 담당교사, 동아리교사, 진로교사 등 족히 50명이 넘을 것입니다. 달리 표현하면 학교생활기록부는 '교사 50명의 추천서'라고 할 수 있습니다. 예전에 고등학교 3학년 담임교사 한 명이 쓰는 교사 추천서보다 수많은 교사들이 오랜 시간 만들어 온 학교생활기록부가 더 신뢰감이 높다는 말입니다.

학교생활기록부에서 가장 중요한 항목은 행동발달 및 종합의견 항목입니다. 이 항목은 학생을 가장 밀착해서 관찰한 담임교사의 추천서나 다름없습니다. 예전에는 고등학교 3학년 담임교사가 교사 추천서를 주로 쓰는 경향이어서 3학년 담임교사의 역할이 굉장히 중요했습니다. 하지만 교사 추천서가 폐지되었기 때문에 1, 2학년 담임교사가 1년간 학생을 관찰하고 작성한 행동특성 및 종합의견 항목이 교사 추천서 역할을 합니다. 따라서 행동발달 및 종합의견 항목은 입학사정관 입장에서 학생의 성향을 판단하는 신뢰도 높은 자료가 됩니다.

두 번째로 중요한 학생부 항목은 바로 과목별 세부능력 및 특기사항인데, 특히 학생이 지원하는 학과와 관련된 과목의 세부능력 및 특기사항이 중요합니다. 영어영문학과에 지원하는 학생에게는 영어 수업 활동에 대한 담당교사의 평가 내용이 중요하고, 생명공학과를 지원하는 학생에게는 과학 과목의 세부능력 및 특기사항이 많은 영향을 줄 수 있습니다.

교사 추천서와 자기소개서가 폐지되면서 사실상 대학교에서는 학생들을 선별하고 판단할 도구가 줄어든 상황입니다. 상대적으로 학교생활기록부의 중요도가 높아지고 있어서 학생들도 충실한 학생부를 만들기 위해 노력해야 합니다.

Q11 무조건 재수하겠다는 고3 아이,
어떻게 해야 하나요?

대학 입시를 마치기도 전에 재수를 생각하는 고등학교 3학년 학생은 현실과 이상 사이의 괴리가 큰 학생입니다. 자신이 목표로 하는 대학 수준이 확고하고 자존심이 강한 학생이 현재 본인의 낮은 성적을 확인하는 순간 고3 입시를 포기하고 재수를 해야겠다는 생각을 하게 됩니다. 사실 고3 학생이 입시 생활 시작부터 재수를 생각한다는 것은 현실 도피에 가깝습니다.

It ain't over till it's over.(끝날 때까지 끝난 게 아니다.)

학생들은 고3 때까지 쌓은 자신의 초라한 성적에 비해 마음속 대학 목표가 높으면 재수를 해서라도 목표 대학에 가고 싶어 합니다. 무조건 재수하겠다는 아이에게 우선 주변에서 격려의 말을 잊어서는 안 됩니다. "고등학교 1, 2학년 때 펑펑 놀더니 고3 오자마자 재수 타령이냐?"라는 말보다 "재수를 생각한 계기가 무엇이니?"라고 물어보면서 학생의 생각을 존중해 줘야 합니다.

덧붙여서 학생에게 완주의 중요성을 알려 주세요. 마라톤을 뛰는 선수가 5km 기록이 저조하다고 레이스를 기권해서는 안 됩니다. 야구 경기에서 3회가 되기도 전에 10대 0으로 지고 있다고 경기를 포기해서는 안 됩니다. 완주를 한 경험이 있어야 선수가 다음 경기에서 더 잘할 수 있기 때문입니다.

처음부터 다른 길을 생각하지 않고 수시와 정시라는 한 해 입시 레이스를 온전히 최선을 다하여 경험한 학생이 재수의 길을 택했을 때 다음 해 좋은 결과를 얻을 수 있습니다. 그리고 끝까지 최선을 다한 학생에게 수시 홈런의 기회나 수능 시험 대박의 기회가 찾아오기도 합니다.

메이저리그에서 요기 베라(Yogi Berra)라는 야구 감독이 어느 인터뷰에서 한 말이 "끝날 때까지 끝난 게 아니다.(It ain't over till it's over.)"였습니다. 그는 당시 리그에서 현격한 차이로 꼴찌를 달리던 야구팀 감독이었죠. 모든 사람들이 그의 인터뷰 내용을 듣고 비웃었지만, 요기 베라가 맡았던 팀은 그해 월드시리즈까지 진출하는 기적을 만들어 냅니다. 말 그대로 완전히 끝날 때까지는 끝난 것이 아니었습니다.

"야구는 9회말 2아웃부터"라는 말도 있습니다. 결과가 나오기 전까지 미리 실패를 예상하며 재수를 생각하는 일은 없었으면 합니다. 한 해 입시 결과가 나오고 재수를 생각해도 늦지 않습니다.

논술 실력을 늘리기 위한 추천 방법이 있나요?

사실 논술 실력을 단기간에 올리기는 힘듭니다. 평소에 공부하면서 자신의 실력을 착실히 쌓아서 흔들리지 않는 학습의 깊이를 가지고 있어야 합니다.

기본적으로 인문 논술에서는 독서를 많이 한 학생이 유리합니다. 독서를 해서 지식이 많이 쌓였다기보다는 다독을 통해 문장 해석 능력이 올라갔다는 의미입니다. 장문의 출제 지문을 읽을 수 있는 독해력은 논술 문제를 풀 수 있는 가장 기본적인 능력이니까요.

수리 논술에서는 평소 수능 시험 준비를 하면서 수학과 과학 영역 공부를 충실히 한 학생이 유리합니다. 인문 논술과 달리 융합적인 수학과 과학 지식이 없으면 논술 문제 자체에 접근할 수 없으므로 평소에 난이도 있는 수능 시험 기출 문제를 꾸준히 접하는 것이 좋습니다.

논술 전형에 도전하려는 학생은 대학별 논술 유형을 잘 파악해야 합니다. 각 대학별 입학 관련 홈페이지에서 '선행학습 영향

평가 보고서'를 확인해서 대학별 논술고사 관련 내용을 파악해야
합니다. 매년 3월쯤 각 대학은 선행학습 영향평가 보고서를 발표
합니다. 이는 면접, 구술, 논술 시험이 선행학습에 어떤 영향을 끼
쳤는지 자체적으로 파악하는 보고서입니다. 논술 시험에서 논술
출제 범위와 출제 의도, 기출 문제 및 제시문, 채점 기준 및 해설
등 다양한 내용을 담고 있는 유용한 자료입니다.

논술 전형을 실시하는 대학들은 매년 1학기에 모의 논술 서비
스를 제공합니다. 모의 논술에 응시한 학생은 대학으로부터 채점
결과, 문제 해설지 등을 제공받을 수 있습니다. 자신이 목표로 하
는 대학이 있다면 해당 대학의 출제 경향과 채점 형태를 미리 가
늠해 볼 수 있는 기회입니다.

이 외에 대학별로 제공하는 '논술전형 가이드북'을 효율적으로
활용하면 도움이 됩니다. 각 대학들은 기출 문제, 논술전형 입시
결과, 유의사항, 합격자 전형 후기, 자주 하는 질문 등의 내용을
수험생이 알 수 있도록 학교 홈페이지에 정보를 제공하거나 일선
고등학교에 책자 형태로 배부합니다. 이렇게 각 대학들이 제공하
는 다양한 입시 정보를 전략적으로 이용하기 바랍니다.

입시 대비 전략 Q & A

1. 고교학점제에서는 전공 연계 과목을 우선 고려하고 내신 성적에 유리한 과목을 선택한다.

2. 특정 과목을 못해도 진학할 수 있는 대학은 있지만, 상위권 대학에 진학하려면 모든 과목을 잘해야 한다.

3. 육사, 경찰대, 한예종 같은 특수 대학은 대학별로 발표하는 입시 요강을 따로 철저히 분석한다.

4. 고등학교 한두 학기 성적이 안 좋다 하더라도 실망하지 않고 끝까지 최선을 다한다.

5. 수시 원서 6번의 기회를 본인이 처한 상황과 목표에 따라 안정, 적정, 도전 대학으로 적절하게 배분한다.

6. 교사 추천서와 자기소개서 폐지 이후 학교생활기록부의 영향력이 더욱 커졌고, 특히 과목별 세부능력 및 특기사항과 행동발달 및 종합의견이 가장 중요하다.

7. 재수를 결정하는 시점은 고3 시작한 때가 아니라 한 해 입시를 모두 마무리한 이후이다.

8. 논술 준비의 시작은 대학별로 제공하는 '선행학습 영향평가 보고서'와 '논술 전형 가이드북'이다.

Chapter 3

학교생활기록부와
내신 성적 대비 전략
Q & A

학적사항에 검정고시 학생이나 대안학교 졸업생은 어떻게 표시되나요?

대안학교는 획일화된 교육의 틀을 탈피하고 제도권 교육의 문제점을 보완하자는 목적에서 출발했습니다. 학생 중심의 자율적인 교육과정을 시행하고 있으며, 입시 교육을 벗어나 다양하게 교육할 수 있다는 장점이 있습니다. 예전에는 집단생활에 적응하지 못하고 겉도는 아이들이 다니는 학교라는 선입견도 있었지만, 요즘은 그런 생각들이 많이 없어지는 추세입니다.

인가 학교와 비인가 학교의 차이

대안학교는 학력을 인정받는 인가 대안학교와 교육부의 인증을 받지 않은 비인가 대안학교로 나뉩니다. 인가 대안학교는 학력 인정도 되고 교육부에서 예산도 지원해줍니다. 정해진 기본 교육과정을 이수해야 해서 상대적으로 자율성이 떨어지는 점이 있습니다. 비인가 대안학교는 기존 교육제도와 완전히 다른 체제 아래서 학교만의 창의적이고 독창적인 교육을 수행합니다. 정식 교육기관으로 인정받지 못하기 때문에 상급 학교에 진학하려면

중학교 졸업 학력 검정고시 합격자 학교생활기록부 학적사항(예시)

학적사항	2020년 06월 18일 중학교 졸업 학력 검정고시 합격 2021년 03월 02일 운중천 고등학교 제1학년 입학
특기사항	

검정고시를 따로 준비해서 합격해야 합니다.

학력 인정을 받지 못하는 비인가 대안학교 졸업생은 고등학교 학교생활기록부에 대안 학교명이 기록되지 않고 중학교 졸업 학력 검정고시에 합격했다는 사실만 기록됩니다. 인가 대안학교를 졸업한 학생은 학력이 인정되므로 일반 학교와 마찬가지로 졸업한 학교 정보가 표시됩니다.

요즘 대학교 입시에서는 검정고시 출신 수험생들이 늘어나는 추세입니다. 2022학년도 대학수학능력시험 지원자 중 검정고시 출신 수험생은 2.8%로 2018년 1.87%에 비해서 1% 가까이 상승했습니다. 획일화된 제도권 교육 탈피, 가정 사정, 교우 관계, 고등학교 내신 불리로 인한 자퇴 등 이유는 제각각 다르지만 검정고시 합격 후 대학에 진학하려는 학생들이 늘고 있습니다.

검정고시 출신 학생의 학력이 뒤쳐진다든가 사회에 적응하지 못한다고 하는 편견은 사라지고 있습니다. 기성세대는 제도권 교육을 중시하는 경향이 강한 편이지만, 현재의 아이들 세대는 획일화된 교육을 탈피하고 다양한 교육의 형태로 자신의 진로를 개척하는 경우도 많습니다.

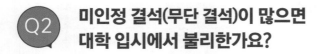

Q2 미인정 결석(무단 결석)이 많으면 대학 입시에서 불리한가요?

결석 중에서 가장 안 좋은 게 미인정 결석입니다. 예전의 무단 결석 용어를 순화하여 미인정 결석이라고 표현합니다. 질병 결석은 대학 입시에서 감점 요인이 되지 않지만 미인정 결석이 많은 학생은 입시 전형에 따라 다소 불리함을 안고 대학 입시를 치러야 합니다.

출결 점수의 반영 방식

학생부 교과 전형은 주로 교과 성적만을 반영합니다. 교과 전형을 실시하는 대학 중 약 90%에 가까운 대학들이 대학 입시에서 비교과 영역 반영 없이 교과 성적만을 반영합니다.

교과 전형을 실시하는 대학 중 일부 대학들은 출결사항과 봉사활동 같은 비교과 영역을 반영하는데, 주로 교과 90%, 비교과 10% 비율로 반영합니다. 미인정 결석에 대해서는 각 대학별로 어떤 기준이 넘으면 감점하는 방식을 쓰고 있는데, 출결상황으로 감점되는 점수는 미미합니다.

미인정 결석 교과 전형 반영 주요 대학

만점	대학
4일 이내	경기대
3일 이내	가천대, 공주대, 서강대, 한국외대
2일 이내	경희대
1일 이내	성신여대, 중앙대

학생부 종합 전형의 경우 입학사정관에 따라서 단순한 횟수보다는 미인정 출결이 기록된 상황이나 특기사항에 기록된 부분을 평가합니다. 예를 들어 미인정 결석 1회인 학생과 미인정 결과 3회인 학생을 보겠습니다. 일반적으로 조퇴, 지각, 결과 3회는 결석 1회와 같습니다. 학생부 교과 전형에서는 수치화되기 때문에 미인정 결석 1회와 미인정 결과 3회는 같은 점수를 받습니다. 반면, 학생부 종합 전형에서는 학교를 1회 결석한 학생과 등교는 했지만 수업에 참여하지 않고 3번의 미인정 결과를 기록한 학생이 다르게 평가될 수 있습니다. 학교에 출석하고도 수업을 3번이나 참여하지 않은 학생이 인성 측면이나 학업 의욕에 대한 평가에서 1회 결석한 학생보다 좋지 않은 점수를 받을 수 있다는 이야기입니다.

학생의 사정에 따라서 미인정 결과나 무단 지각, 무단 결석 등이 발생할 수도 있습니다. 학생마다 방황하고 학교생활에 적응하지 못하는 시기가 있을 수도 있고요. 하지만 좀 더 멀리 바라보고 어려운 시기를 현명하게 이겨내어 출결 문제가 발생하지 않도록 노력하면 됩니다.

　미인정 결과나 무단 지각 등이 많았다 하더라도 학교생활에 적극적인 모습으로 변화한 사항이 담임교사를 통해 행동특성 및 종합의견 등에 반영된다면 입학 관계자들에게 좋은 인상을 줄 수 있습니다. 학생부 종합 전형의 경우 입학사정관에게 학생의 발전하는 모습을 보여줄 수 있는 반전의 기회가 되기도 합니다. 그렇지만 대학교에서 학생을 선발할 때 출결상황이 인성과 근면성을 살필 수 있는 가장 중요한 요소이므로, 저학년 때부터 출결상황을 잘 관리해서 출결 기록을 깔끔하게 유지하도록 해야 합니다.

Q3 창체동아리와 자율동아리의 차이점은 무엇인가요?

고등학교에서 이루어지는 동아리활동에는 창체동아리와 자율동아리가 있습니다. 창체동아리는 '정규교육과정 내 동아리활동'이고, 자율동아리는 '학교교육계획에 의한 정규교육과정 이외의 동아리활동'입니다.

창체동아리

창체동아리는 창의적체험활동 수업 시간에 진행되는 동아리활동입니다. 창의적체험활동도 정규 수업의 일부분이므로 학생들은 창체동아리에 무조건 가입해야 합니다. 창체동아리활동 내용은 500자 이내로 학교생활기록부에 기록됩니다.

고등학교마다 전통이 오래되고 특색 있는 창체동아리가 이미 많이 개설되어 있습니다. 학년 초에 창체동아리 선배인 고등학교 2학년 학생들이 경쟁적으로 동아리 신입생을 모집하곤 합니다. 인기 있는 동아리는 학생들이 많이 몰려서 경쟁률이 매우 높기도 합니다.

대학 입시에 도움이 많이 되고 해당 동아리 출신 학생들이 상위권 대학에 진학했다고 소문이 퍼진 곳은 인기가 아주 많습니다. 이렇게 많은 학생들이 원하는 인기 동아리에 가입하기 위해 신입생들 사이에서 소리 없는 전쟁이 벌어지기도 합니다. 지원한 동아리 가입 경쟁에서 탈락한 학생들 일부는 인원을 다 채우지 못한 비인기 동아리에 배정될 수도 있습니다.

일반 인문계 고등학교에서는 3학년에 진급하면 대학 입시에 전념하기 위해 3학년 학생들로만 동아리를 구성하고 동아리활동을 하는 경우도 많습니다. 3학년 학생들도 동아리활동을 꼭 하게 되어 있지만 동아리활동으로 학업 시간이 많이 뺏기기 때문에 형식적으로 3학년 학생만으로 동아리를 개설하는 것입니다.

동아리활동을 실질적으로 했는지 여부를 떠나 고등학교 3년간의 동아리활동 기록 중 대부분을 차지하는 창체동아리활동은 대학 입시 중 학생의 전공 적합성과 발전 가능성을 엿볼 수 있는 중요한 항목입니다.

자율동아리

자율동아리는 학생들 스스로 활동 주제를 정하고 마음이 통하는 친구들끼리 동아리를 구성해서 방과후 시간 등을 활용해 활동하는 동아리입니다. 자율동아리활동 내용은 30자 이내로 생활기록부에 입력될 수 있습니다.

자신이 원하는 창체동아리에 가입하지 못했거나 다양한 동아리활동을 하고 싶은 경우 자율동아리를 구성하여 활동할 수 있습니다. 창체동아리는 의무적으로 가입하고 활동해야 하지만, 자율동아리는 의무사항이 아닙니다. 자신이 원하는 창체동아리가 재학 중인 고등학교에 없거나 원하는 창체동아리 선발에서 제외된 경우, 학생이 자발적으로 자율동아리를 구성한다면 좋은 동아리활동이 될 수 있습니다.

동아리활동 내용이 중요하다

입학사정관들은 동아리 개수를 평가하지 않고 지원 학생의 개인별 활동 상황을 평가합니다. 학생이 고등학교를 대표하는 인기 동아리에 소속되었다는 사실보다 동아리 안에서 학생의 역할과 발전된 모습이 더욱 중요합니다.

학생이 적극적으로 동아리활동을 하고 학교생활기록부에 알찬 내용이 기록될 수 있다면 정규 창체동아리활동만으로 충분합니다. 동아리활동 중 학생의 진로와 적성에 대한 관심, 동아리 발전을 위한 헌신, 동아리 구성원 사이에서의 역할, 동아리 발표 대회를 준비하는 협력적 태도 등이 잘 정리되어 있다면 대학 입시에 도움이 되는 핵심 내용이 충분히 포함된 것입니다.

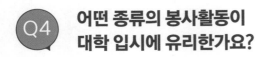

Q4 어떤 종류의 봉사활동이 대학 입시에 유리한가요?

　학생들은 봉사활동을 통해서 자신의 인성과 진로와의 연관성을 대학 입시에서 보여줄 수 있습니다. 고등학교별로 실시하고 있는 급식 도우미나 멘토-멘티 프로그램 등을 통해서 봉사활동 실적을 쌓아갈 수 있습니다.

　교내 봉사활동은 학생의 개별적인 특성을 나타내기 어렵기에 많은 학생들과 동일한 내용으로 학교생활기록부에 기재된다고 생각하기 쉽습니다. 하지만 단순히 봉사활동 시간을 늘린다는 생각보다는 다른 학생들과 차별되게 능동적으로 봉사활동을 한다면 성실성과 적극성을 보여줄 수 있는 좋은 기회가 됩니다.

　학교생활기록부에 봉사활동 특기사항이 삭제되었지만, 행동특성 및 종합의견 영역에 개별적인 활동 내용이 기록될 수 있습니다. 자기소개서도 폐지되었지만, 대학 면접 등에서 봉사활동의 경험과 느낀 점을 입학사정관에게 충분히 피력할 수도 있습니다. 그래서 유의미한 봉사활동 실적을 쌓은 학생은 좋은 평가를 받을 수 있습니다.

의미 있는 봉사활동을 찾는다

입학사정관들은 봉사활동 실적에서 누계 시간에 초점을 맞추지 않습니다. 봉사활동 시간보다는 유의미한 봉사활동을 얼마나 했는가에 더 중점을 두고 지원한 학생들을 평가합니다.

다음의 '봉사활동 실적' 표에서 학생 A와 학생 B는 표면적으로 볼 때 봉사활동 누계 시간은 똑같습니다. 봉사활동 시간만으로 대학 입시 성적을 산출하는 대학이 있다면 두 학생은 모두 동일한 점수를 받을 것입니다. 하지만 활동 내용 면에서 두 학생은 상당한 차이점을 보입니다.

학생 A의 학교 통학로 청소는 일반적으로 고등학교에서 전교생에게 창의적체험활동 시간에 일괄적으로 부여하는 봉사활동입니다. 도서관 서가 정리 봉사활동은 한 달 동안 순번제로 도서관

봉사활동 실적(예시)

구분	봉사활동 실적				
	일자 또는 기간	장소 또는 주관기관명	활동 내용	시간	누계시간
학생 A	2021. 04. 20.	(학교) ○○고등학교	학교 통학로 청소	2	2
	2021. 09.01 ~ 2021. 09.30.	(학교) ○○고등학교	도서관 서가 정리	10	12
	2021. 11. 17.	(개인) ○○주민센터	서류 분류 및 청소	5	17
학생 B	2021. 03. 20.	(학교) ○○고등학교	교내 체육대회 운영위원	2	2
	2021. 04.01 ~ 2021. 07.20.	(학교) ○○고등학교	쓰레기 분리수거	10	12
	2021. 08. 17.	(개인) ○○청소년수련원	녹색 환경 캠페인 활동	5	17

도서 정리를 하도록 고등학교에서 부여하는 단조로운 봉사활동일 가능성이 큽니다. 서류 분류 및 청소 봉사활동 역시 주민센터에서 단순 업무 보조를 하고 기록되는 봉사활동 종류입니다.

학생 B의 교내 체육대회 운영위원 봉사활동은 학생 본인이 적극적으로 지원해서 선발된 봉사활동일 가능성이 큽니다. 학교의 큰 행사를 치르면서 능동적으로 중요한 역할을 분담해서 실행했다는 이야기가 포함되어 있을 거라고 기대가 됩니다. 거의 한 학기 내내 실행한 쓰레기 분리수거 봉사활동은 남들이 하기 싫어하는 일을 꾸준히 하는 학생의 모습을 엿볼 수 있습니다. 녹색 환경 캠페인 활동은 구체적으로 어떤 활동을 했고 학생 본인이 캠페인 활동을 통해서 어떻게 성장을 했는지 입학사정관 입장에서 궁금증이 생기는 봉사활동입니다. 참고로 대학 입시에 도움이 되는 봉사활동 유형을 아래에 정리합니다.

대학 입시에 도움이 되는 봉사활동 유형

구분	높은 평가를 받는 봉사활동	낮은 평가를 받는 봉사활동
전공 적합성	진로 또는 전공과 연관	진로 또는 전공과 관련 없음
기간	장기간 꾸준한 활동	일회성 활동
대상	개별적인 특색 활동	단체로 일괄 부여되는 활동
내용	스토리가 있는 활동	예측 가능한 단순 활동

Q5 고1 3월 모의고사가
정말 중요한가요?

고등학교에 진학해서 처음 치르는 3월 수능 모의고사는 당연
히 학생들에게 중요한 의미가 있습니다. 3월에 치르는 수능 모의
고사는 실제 수능 시험 형태로 보는 첫 시험입니다. 오전과 오후
시간 내내 치르는 수능 모의고사는 신입생들에게 부담으로 다가
올 수 있지요. 중학교 때까지 학생들은 정해진 시험 범위 안에서
공부하고 시험을 치렀습니다. 시험 범위 안에서만 문제가 출제되
니까 벼락치기 공부법도 가능했습니다. 중학교 시험은 학생들의
진정한 실력을 평가하기보다는 단기간에 얼마나 노력을 했는가
를 평가하는 성격이 강합니다. 하지만 수능 모의고사는 평소 실
력을 확인하는 시험이라서 3월 초에 반짝 열심히 공부한다고 해
서 높은 성적이 나오지는 않습니다.

중학교 때 영어 과목에서 90점을 맞은 학생이 수능 모의고사에
서 영어 영역 90점을 받으리라는 보장은 없습니다. 특히 수학과
국어 영역은 모의고사에서 상대평가이므로 중학교 때 수학 과목
90점으로 A등급을 받은 학생이 모의고사 수학 영역에서는 1등급

을 받을 수도 있고 4등급을 받을 수도 있습니다. 일반적으로 중학교 때 성적 90점은 상위 20~30%에 해당하기 때문입니다.

고1 첫 모의고사는 중학교 교육과정을 얼마나 충실히 이행했는지를 확인하는 의미가 있습니다. 특히 국어, 영어, 수학 과목의 성적이 중요한데, 중학교 마지막 기말고사 이후 약 3~5개월 동안 중학교에서 학습한 내용을 잘 다진 학생은 3월 모의고사에서 좋은 성적을 거둘 수 있습니다. 각 과목에서 한두 개 정도 틀리는 성적이라면 중학교 수준의 학습은 거의 이해한 것으로 파악할 수 있습니다. 수학의 경우 성적이 70점 이하라면 섣불리 선행학습을 하려 하지 말고 중학교 과정을 다시 차분하게 공부해야 합니다.

3월 모의고사에서 사회 탐구와 과학 탐구는 학생들의 선택 없이 공통 내용으로 시험을 치릅니다. 많은 학생들이 중학교 과정을 고등학교 입학 전에 복습하지 않기 때문에 사회 탐구와 과학 탐구 성적에 큰 의미를 둘 필요는 없습니다.

반별 배치고사를 치르지 않는 고등학교라면 3월 모의고사 성적을 더욱 가치 있게 생각합니다. 3월 모의고사 고득점 학생에 대한 고등학교 교사들의 시각은 중요한 의미가 있습니다. 많은 교사들이 전국 단위 시험에서 좋은 성적을 거둔 학생들을 기대감을 갖고 지도하기 때문입니다.

Q6 시험 기간 학습법을 알려 주세요

시험 기간에는 학습 시간 배분이 가장 중요합니다. 고등학교마다 다르지만 통상 4일 내외로 시험 기간을 설정합니다. 학생들은 시험 기간 동안 하루에 2~3개 과목씩 시험을 치릅니다.

일반적으로 학생들은 내신 시험 공부를 4주 혹은 그 이전부터 준비하기 시작합니다. 어렵다고 소문난 과목은 더 오래 전부터 준비할 수도 있습니다. 하지만 준비 기간보다 더 중요한 것은 시험 기간 중의 집중적인 시간 활용입니다.

시간을 잘 활용하기 위해서는 시험 전날까지 모든 과목의 시험 공부를 완료해야 합니다. 완료되는 시점에는 자신만의 '서브 노트'가 완성되어 있어야 하고요. 서브 노트란 각 과목별로 중요 내용과 자신이 잘 이해하지 못한 약점 부분이 기록되어 있는 노트를 말합니다. 시험 전날 해당 과목 범위에 들어가는 모든 내용을 복습하는 것은 시간 낭비일 수 있습니다. 이때는 서브 노트를 보면서 몇 주간 공부했던 내용 중 학생 본인에게 내면화되지 않은 학습 내용을 집중적으로 반복 학습해야 합니다.

시험 당일의 시간 활용은 더욱 중요합니다. 고득점을 완성하는 시간은 시험 시간 직전입니다. 모의고사는 범위가 정해져 있지 않아서 시험 시간 직전 공부를 하는 게 방해가 됩니다. 오히려 모의고사 시험일에는 차분히 평정심을 유지하며 시험 시간을 기다리는 편이 훨씬 낫습니다. 하지만 범위가 정해져 있는 학교 내신 시험에서는 전날까지 공부해도 이해되지 않거나 도저히 암기되지 않는 내용이 있을 수 있습니다. 어렵고 이해되지 않은 내용이라도 시험 시간 직전에 다시 한번 확인하여 머릿속 단기기억 장치에 잠시 저장해 둘 수 있습니다. 시험 감독이 교실에 입실하기 직전까지 최대한 시간을 활용해야 합니다.

　시험 사이 쉬는 시간에 대부분의 학생들은 친구들과 정답을 확인하기 바쁩니다. 쉬는 시간에 정답을 맞춰 보는 것은 시간 낭비입니다. 전 시간 과목에서 많이 틀렸다는 걸 알면 다음 시간 시험에도 영향을 줄 수 있습니다. 정답 확인의 유혹을 떨쳐버리고 준비된 요약 노트를 가지고 다음 시간 시험 공부에 집중해야 합니다.

수행평가의 비중은 어느 정도인가요?

　과목별 성적 산출에서 수행평가의 비중은 상당히 높습니다. 학생들은 과목별로 2~5개 정도의 수행평가를 치르는데, 한 학기에 8~9개 과목을 이수한다고 할 때 학생들은 약 20~30개의 수행평가에 임해야 합니다.

　수행평가 반영 비율은 과목마다 제각각입니다. 지필고사를 치르지 않는 음악 같은 과목은 수행평가로만 학기당 성적 산출을 합니다. 다음 예시에 따르면 영어 과목은 3가지 수행평가를 실시하고 수학 과목은 2가지 수행평가를 실시합니다.

　지필평가에서는 모든 문제를 틀리면 0점을 받지만 수행평가에

과목별 수행평가 비율(예시)

과목	수학		영어			음악				
영역	수리 논술	포트폴리오	에세이 쓰기	말하기	포트폴리오	수업과 정평가	청취	기악	논술	감상
배점	10점	10점	20점	10점	10점	30점	15점	15점	20점	20점
비율	10%	10%	20%	10%	10%	30%	15%	15%	20%	20%
총비율	20%		40%			100%				

는 기본 점수가 있습니다. 10점 만점에 2점 내외를 기본 점수로 부여하므로, 학생들은 수행평가에 응시만 해도 기본 점수를 받을 수 있습니다.

모든 과목의 수행평가에서 공통점은 바로 논술형 평가입니다. 거의 모든 과목 수행평가에서 논술형 평가를 실시합니다. 논술형 평가는 수리논술, 에세이 쓰기, 과학논술 등 과목별 특성에 맞게 구성하여 실시합니다. 논술형 평가에서 변별도가 나타나는 경우가 많아서 교과 담당교사의 평가 기준을 잘 이해한 후에 수행평가를 착실히 준비해야 합니다.

대부분의 수행평가는 교사의 채점 기준이 가장 중요합니다. 특히 논술형 평가의 경우 담당교사가 미리 알려 주는 채점 기준에 충족하는 수행평가 결과물을 제출해야 하므로, 학생들은 채점 기준에서 제시하는 핵심 어휘, 주요 근거를 포함시켜야 하며 논술 형식을 잘 지켜야 합니다.

과목별로 수행평가의 비중이 다르지만 수행평가 점수가 높지 않으면 고득점이나 상위 등급의 성적을 받기 힘듭니다. 특히 상위권 학생들은 수행평가에서 점수가 깎이는 상황이 거의 없기 때문에 더욱 완벽한 점수를 받기 위해 수행평가에서 최선을 다해야 합니다.

Q8 한 번 지필고사를 망치면 교과 전형으로 대학 입학은 힘든가요?

지필고사 한 번만으로 3년간의 성적이 크게 달라지지는 않습니다. 3학년 1학기까지 학생들은 총 5학기 동안 모두 10번의 지필고사를 치릅니다. 두세 번 이상 지필고사를 망치면 전체 성적에 영향을 많이 주겠지만, 지필고사 한 번의 성적이 전체 성적에 미치는 영향은 크지 않습니다.

단, 이건 서울 상위권 대학의 교과 전형을 목표로 하지 않을 때 이야기입니다. 서울 상위권 대학일수록 교과 전형에서 모든 학기의 전 과목을 반영하는 경향이 강하기 때문에 학생이 한두 번 시험을 망쳤다면 교과 전형으로 상위권 대학에는 지원이 어려울 수도 있으니 유의해야 합니다.

하지만 특정 학기나 특정 과목의 시험 성적이 좋지 않은 경우에도 대학별로 교과 전형 반영 교과목을 잘 살펴보면 불이익 없이 대학 입시에 지원할 수 있습니다. 건국대는 교과 전형에서 모든 학기 모든 과목을 반영하지만, 가천대와 극동대는 학생별로 성적이 좋은 일부 과목만 반영하기도 합니다.

신구대를 비롯한 많은 전문대들은 3학년 성적을 아예 반영하지 않고 1, 2학년 성적만 교과 전형에 반영합니다. 비인기 대학교일수록 학생들이 편하게 지원을 많이 할 수 있게 교과 전형 성적 반영 방법을 학생 위주로 유리하게 설계하여 입시 요강을 발표하는 경우가 많습니다.

Q9 중간고사를 망쳤다면 기말고사 때 회복할 수 있는 방법은 무엇인가요?

중·고등학교에서는 이제 중간고사와 기말고사라는 용어 대신 1차 지필고사와 2차 지필고사라는 명칭을 사용합니다. 한 학기에 두 번 지필고사를 보는데, 학생이 첫 번째 시험을 망치면 두 번째 시험에 대한 부담감이 커질 수밖에 없습니다. 반면, 학생이 원하는 대로 1차 지필고사 성적이 나왔다면 2차 지필고사는 조금 더 여유롭게 준비할 수 있습니다.

선택과 집중

학기당 두 번의 지필고사를 모두 잘 보는 경우는 많지 않습니다. 1차 지필고사를 잘 보면 2차 지필고사를 못 볼 수도 있고, 또 반대의 경우도 있습니다. 그래도 1차 지필고사를 망친 경우에는 2차 지필고사 때 만회해야 한다는 생각 때문에 마음이 조급해져서 더욱 힘듭니다.

이때는 선택과 집중이 중요합니다. 학생의 마음속 열정만으로 성적을 올릴 수는 없습니다. 한 학년이 400명이라고 가정할 때 137등과 257등은 어떤 차이가 있을까요? 137등과 257등은 120등이라는 어마어마한 성적 차이가 납니다. 하지만 137등과 257등은 같은 3등급으로 실제로는 성적 차이가 없습니다. 반면, 136등과 137등은 1등 차이밖에 안 나지만 2등급과 3등급이라는 극명한 성적 차이가 존재합니다.

1차 지필성적 이후 2차 지필고사 등급 향상 예측(예시)

구분	국어	영어	수학	한국사
원점수	92	52	80	55
현재등급	2	3	3	5
필요점수	+1	+12	+6	+17
경쟁인원	1명	34명	7명	32명

※ 한 학년 학생이 400명인 경우

고등학교 학습 성과에 중요한 영향을 끼치는 것은 공부 시간의 배분입니다. 누가 시간을 효율적으로 사용하는지가 성적의 성패를 좌우합니다. 지필고사를 위해 모든 과목에 시간과 노력을 똑같이 투자하는 것은 상당히 어렵습니다. 그래서 냉철한 전략이 중요합니다. 학생들은 1차 지필고사가 끝나고 성적표를 받는데, 단순한 지필고사 성적표 외에 담임교사에게 과목별 자신의 정확한 위치를 나타내는 성적 분석표를 요구할 수 있습니다. 담임교사는 학생들이 요구할 경우 위의 표와 같은 2차 지필고사 등급 향상 예측 분석표를 제공합니다.

학생마다 1차 지필고사 성적에서 아깝게 등급에서 밀린 과목도 있고 목표로 하는 등급에 여유 있게 들어간 과목도 있습니다. 과목별 전교 석차를 확인하고 상위 등급으로 올릴 수 있는 과목과 현재 등급에 만족할 과목을 구분해야 합니다. 그런 다음 2차 지필고사 때 몇 명만 따라잡으면 등급을 올릴 수 있는 과목에 전력해야 합니다. 점수 격차로 보나 학생 본인 앞에 있는 학생 수를 보나 상위 등급으로 올라가기 어려운 과목은 과감하게 포기해야 하고요. 학생별로 전략 과목을 선택해서 집중적으로 학습하는 전략을 세워야 합니다.

Q10 내신 성적과 모의고사 성적이 너무 차이가 나는데 어떻게 해야 하나요?

내신 성적과 모의고사 성적이 월등히 차이가 나는 학생은 자신만의 강점을 살릴 수 있는 입시 로드맵을 가지고 대학 입시를 준비해야 합니다. 즉, 내신 성적만 높은 학생은 수시 입시에서 대학 합격을 결정짓는 방향으로, 모의고사 성적만 우수한 학생은 수시 입시에서는 논술 전형에 선별적으로 도전하고 정시 입시에서 대학 입학을 결정짓는 전략을 세워야 합니다.

내신형 vs. 수능형

내신 성적이 우수한 학생은 수시 입시에서 꼭 합격해야 하므로, 6개 수시 지원 기회 중 1, 2개 대학은 확실한 안정 하향 지원을 해야 합니다. 많은 학생들이 수능 시험 공부를 꾸준히 하면 11월 대학수학능력시험에서 성적을 많이 올릴 수 있을 것이라고 기대하지만 현실은 다릅니다. 재학생이 평소 모의고사보다 실제 대학수학능력시험에서 높은 성적을 받는 경우는 거의 없습니다. 자신을 냉철히 돌아보고 수시 지원을 해야 합니다.

수능 시험 등급으로 보는 학생 성적 비교(예시)

학생 A

구분	국어	수학	영어	합계
등급	1	4	5	10

학생 B

구분	국어	수학	영어	합계
등급	3	3	3	9

하지만 아무리 내신형 학생이라고 해도 수능 시험 공부를 게을리해서는 안 됩니다. 수시 입시에서 수능최저기준을 충족하면 지원할 수 있는 대학의 범위가 넓어지며 대학 합격 가능성도 높아지기 때문입니다. 예를 들어 위의 표에서 학생 A는 국어, 수학, 영어 과목에서 각각 1등급, 4등급, 5등급의 성적표를 받았습니다. 학생 B는 국어, 수학, 영어 영역에서 모두 3등급의 성적표를 받았습니다.

평균 등급 3등급의 학생이 1등급, 4등급, 5등급을 받은 학생보다 수능 시험 성적이 훨씬 높습니다. 하지만 두 학생이 경희대학교 수시 전형에 지원했다면 상황은 달라집니다. 경희대학교가 요구하는 '2개 영역 합 5등급'이라는 수능최저등급 조건을 학생 A는 충족하지만, 학생 B는 맞추지 못합니다. 수시 합격을 위해서 수능 시험에서도 최소한의 성적이 필요한 경우가 많습니다.

모의고사 성적이 높은 학생들은 수능 시험 공부에 매진하면서 정시 입시에 중점을 두되 선별적으로 수시 지원을 하는 전략을 짜야 합니다. 하지만 정시 입시 일정상 정시 지원 수험생은 다음해 2월에야 합격 유무를 알 수 있습니다. 최저등급요건이 필요 없는 수시 지원생들은 빠르면 수능 시험도 치르기 이전에 대학 합격의 기쁨을 누립니다. 주변 친구들의 수시 지원과 합격 소식을 접하면서 정시 입시만 준비하기란 쉬운 일이 아닙니다. 정시형 수험생은 수능 시험을 준비하면서 도전할 수 있는 논술 전형을 눈여겨보고, 수능 시험 이후에 논술고사 실시를 계획하는 대학들도 많으므로 적극적으로 수시 지원을 고려해 봐야 합니다.

같은 과목에서 100점이 여러 명이면 1등급 산출 인원은 어떻게 되나요?

고등학교마다 학업성적관리 규정에서 동점자 처리 규정을 두고 있습니다. 동점자는 동석차와 같은 의미로 쓰입니다. 한 과목 성적 산출 과정에서 동점자가 생겼을 경우 중간 석차를 적용하여 등급을 부여합니다.

중간 석차를 이용한 동점자 등급 배정 방식은 다음과 같습니다. 예를 들어 수강자 수가 98명인 과목에서 100점 동점자가 20명이 있다고 가정해 계산해 보겠습니다. 동점자가 없는 정상적인 상황이라면 1등급은 10명입니다. 하지만 동점자가 20명이므로 절차에 따라 계산을 하면 10.71%로 1등급 배정 인원 없이 모두 2등급을 부여합니다.

교과목 수강자수별 등급 인원(예시)

등급 인원	1	2	3	4	5
97명	10	23	31	23	10
98명	10	24	31	23	10
99명	10	24	31	24	10

- 중간 석차 = 석차 + (동석차 인원수 − 1) / 2

  = 1 + (20 − 1) / 2 = 10.5
- 중간 석차 백분율 = 10.5 / 98 × 100 = 10.71%

수강자 수가 98명인 과목에서 1등급 10명은 정해진 상황에서 11등 1명, 12등 동점자가 27명이 있다고 가정해 보겠습니다. 마찬가지로 동점자가 없는 정상적인 경우라면 2등급 배정 인원은 24명입니다. 동점자가 27명이면 산정 절차에 따라 25.51%로 적용되는데, 이 학생들은 전원 2등급을 부여받습니다. 25.51%라는 중간 석차 백분율이 2등급 기준 비율인 34%를 넘지 않기 때문에 2등급 인원이 24명에서 28명으로 바뀝니다.

- 중간 석차 = 석차 + (동석차 인원수 − 1) / 2

  = 12 + (27 − 1) / 2 = 25
- 중간 석차 백분율 = 25 / 98 × 100 = 25.51%

따라서 동점자가 발생할 경우 원래 정상 등급 인원보다 많은 학생이 1등급을 받을 수도 있고, 반대로 동점자가 기준 인원보다 많으면 1등급을 받는 학생이 없을 수도 있습니다. 최악의 경우를 방지하기 위해서 교과 담당교사에게 "시험 쉽게 내주세요"라는 말은 하지 않는 것이 좋습니다.

담임선생님과 사이가 안 좋으면 학생에게 좋지 않은 내용을 써 주나요?

　학교생활기록부를 입력하는 교사는 담임교사, 교과 담당교사, 동아리 담당교사입니다. 교과 담당교사는 학생의 수업 활동 내용을 바탕으로 학교생활기록부 과목별 세부능력 및 특기사항을 기록합니다. 동아리 담당교사는 창체동아리나 자율동아리에서 학생의 활동을 창의적체험활동상황 동아리활동 항목에 기재합니다. 담임교사는 나머지 학교생활기록부의 대부분 항목을 입력합니다.

　학생을 보는 눈은 많다

　출결상황이나 수상 실적 같은 객관적이고 수치화된 영역은 담임교사가 입력하며, 담임교사의 주관적 성향이나 생각이 개입될 수 없습니다. 담임교사는 학교생활기록부에서 창의적체험활동상황이나 행동특성 및 종합의견 같은 영역을 담당하는데 대학 입시에서 가장 중요한 영역입니다. 아울러 담임교사의 관찰과 학생에 대한 태도에 따라 내용이 많이 변화할 수 있는 영역입니다.

거의 대부분의 담임교사는 학생과의 관계가 좋지 않다고 해서 안 좋은 내용을 학교생활기록부에 기재하지 않습니다. 고등학교 교사들은 최대한 객관적으로 학생을 바라보고 학교생활기록부 작성에 공정성을 잃지 않으려고 합니다. 간혹 소극적으로 생활기록부 분량을 다소 적게 써 주거나 단순한 내용을 적어 주는 경우가 있기는 하지만, 안 좋은 내용을 기록하는 경우는 거의 없다고 보면 됩니다.

혹시라도 사이가 좋지 않다는 이유만으로 담임교사가 부정적인 내용을 작성했다 하더라도 다른 교과 담당교사나 동아리교사가 해당 학생에게 모두 긍정적인 내용을 기록해 줬다면 부정적인 담임교사의 평가는 중요하지 않습니다. 담임교사가 중요한 입력 주체인 것은 맞지만, 한 학생의 학교생활기록부는 수십 명 이상의 교사들이 참여해서 완성된다는 사실이 더 중요합니다.

만약에 담임교사를 비롯하여 모든 교과 담당교사와 동아리교사가 학생에게 부정적인 내용으로 학교생활기록부를 작성했다면 해당 학생은 자신의 학교생활을 뒤돌아보고 긍정적으로 변화하기 위해 스스로 노력해야 할 것입니다.

Q13 학교폭력 관련 내용은 지울 수 없나요?

재학 중에는 학교생활기록부에서 학교폭력 관련 조치사항을 삭제할 수 없지만, 졸업 이후에는 삭제할 수 있습니다. 학생이 학교폭력과 관련돼 징계 처분을 받으면 학교생활기록부에 조치사항이 기재됩니다. 학교폭력예방법에 근거해 교사, 학부모, 법률전문가, 경찰 등으로 구성된 학교폭력대책자치위원회에서 서면 사과부터 퇴학 조치까지 학교폭력 가해 학생에게 처분을 내립니다.

삭제 시점이 다르다

삭제 시기는 졸업을 하는 동시에 삭제하는 경우와 졸업 후 2년, 또는 4년 경과 시 삭제하는 경우로 크게 나뉩니다. 졸업 이전에는 학교생활기록부에서 삭제되지 않으므로 학교폭력과 관련되는 경우 대학 입시에 크게 영향을 끼칩니다.

제1호부터 제9호까지 9개의 조치사항은 내용별로 학교생활기록부에 기록되는 영역이 다릅니다. 경미한 조치 내용은 행동특성 및 종합의견에 기록됩니다. 사회 봉사나 출석 정지같이 학교 출

학교폭력 가해 학생 조치사항별 삭제 시기

가해 학생 조치사항		생활기록부 기재 영역	삭제 시기
제1호	피해 학생에 대한 서면 사과	행동특성 및 종합의견	졸업과 동시 삭제
제2호	피해 학생에 대한 접촉, 협박 및 보복행위 금지		
제3호	학교에서의 봉사		
제4호	사회 봉사	출결상황 특기사항	· 졸업일로부터 2년 후 삭제 · 졸업 직전 학교폭력 전담 기구 심의를 통해 졸업과 동시 삭제 가능
제5호	특별교육 이수 또는 심리 치료		
제6호	출석 정지		· 졸업일로부터 4년 후 삭제 · 졸업 직전 학교폭력 전담 기구 심의를 통해 졸업과 동시 삭제 가능
제7호	학급 교체	행동특성 및 종합의견	· 졸업일로부터 4년 후 삭제 · 졸업 직전 학교폭력 전담 기구 심의를 통해 졸업과 동시 삭제 가능
제8호	전학	인적·학적사항 특기사항	· 졸업일로부터 4년 후 삭제
제9호	퇴학 처분		삭제 대상 아님

석과 관련된 조치 내용은 출결상황의 특기사항 영역에 기록됩니다. 전학이나 퇴학 처분은 인적·학적사항의 특기사항 영역에 기록됩니다.

1, 2, 3호 가해학생 조치사항은 졸업과 동시에 삭제됩니다. 조치 내용과 더불어 학교폭력과 관련해 학생의 긍정적인 행동 변화 내용도 함께 삭제됩니다. 행동특성 및 종합의견란에 학교폭력 내용이 기재된 재학생은 대학 입시에서 불리함을 감수해야 하지만, 졸업 이후 N수생일 때는 학교폭력 내용이 삭제되므로 대학 입시에서 불리함은 사라집니다.

졸업 후 2년 또는 4년 후 삭제되는 조치사항도 졸업 직전 학교에서 심의를 통해 졸업과 동시에 삭제될 수 있으므로, 그렇게 되도록 신경 써야 합니다.

개과천선의 가능성을 고려한다

그렇다면 무슨 이유에서 이렇게 심의를 통해 졸업과 동시에 삭제할 수 있게 하는 것일까요? 졸업 후 2년 동안 학교폭력 내용이 삭제되지 않으면 학생 입장에서는 N수의 길을 택해 대학에 진학하기 어려울 수 있기 때문입니다. 학교 입장에서도 학생이 졸업 후 대학 진학이나 취업에서 불이익을 받지 않도록 특별한 일이 없으면 학교폭력 전담기구 심의를 통해서 학교폭력 기재 내용을 삭제해 주려고 합니다.

그러나 학교폭력 사건 발생 이후 조치 내용을 성실하게 이수하지 않았거나 학교생활에 성실하게 임하지 않았다면, 학교폭력 전담기구에서 처분 내용 삭제를 심의하지 않을 수도 있습니다. 학교폭력 발생 이후 해당 학생이 학교생활을 적극적으로 해야 하는 중요한 이유입니다. 참고로 제9호인 퇴학 처분은 이미 재학 중이 아니기 때문에 학교폭력 조치사항 삭제 대상이 아닙니다.

여러모로 학교폭력과 관련된 학생은 대학 입시와 사회 진출에서 큰 어려움을 겪을 수 있습니다. 아무쪼록 고등학교 재학 중에 학교폭력에 연루되지 않도록 학교생활을 잘하고 교우 관계를 잘 유지해야 합니다.

학교생활교육위원회에서 선도 처분을 받으면 대학 입시에 큰 장애가 되나요?

과거의 선도위원회는 현재 학교생활교육위원회라는 명칭으로 변경되었고, 여기서 출석 정지나 퇴학 처분 등의 선도 처분을 받으면 대학 입시에 어려움을 겪을 수도 있습니다.

학교생활기록부에 기록이 남지 않는다

학교생활교육위원회는 학교장이 학칙에 따라 설치하는 기구입니다. 해당 학교 교사로만 구성되며 교칙 위반에 대한 사안을 심의합니다. 교내 흡연처럼 교칙을 위반한 학생들은 교내 봉사, 사회봉사, 특별교육 등의 처분을 받을 수 있습니다. 여기서 중요한 사실은 학교생활교육위원회에서 받은 처분은 학교생활기록부에 기재되지 않는다는 것입니다. 해당 고등학교 생활교육위원회 개최 및 처리 결과 내부 기안문에 기록은 남지만 학생 개별 학교생활기록부에는 전혀 기록이 남지 않으며, 처분 내용만 이행하면 됩니다.

학생의 생활기록부에 기록이 남지 않기 때문에 표면적으로 대학 입시에서 불이익을 받을 가능성은 거의 없습니다. 교내 봉사나 사회 봉사 처분을 받더라도 해당 고등학교 내부 문서에는 기록이 남아 있지만, 학생이 지원하는 대학교에서는 징계 처분 내용을 알 수 없으니까요. 다만 학생이 학교생활교육위원회에서 출석정지나 퇴학 처분을 받을 경우는 대학 입시에 영향을 끼칠 수 있습니다. 징계 처분 사유가 명확히 기록되는 것은 아니지만 출결 내용은 학교생활기록부 출결상황에 기록되기 때문입니다. 출석 정지는 미인정 결석으로 학교생활기록부에 기재됩니다. 퇴학 처분도 학교생활기록부 학적사항에 기록되어야만 합니다.

경미한 사안인 경우 일반적으로 조치 내용이 교내 봉사로 시작하며, 학생의 교칙 위반 사례가 계속 반복될 경우 사회 봉사나 특별 교육 단계로 넘어갑니다. 따라서 엄중한 사안을 위배하지 않은 이상 해당 학생이 출석 정지나 퇴학 처분을 받는 경우는 거의 없습니다.

학생들은 학교생활을 충실히 하며 교칙을 위반하는 사례가 없도록 노력해야 합니다. 한두 번 교칙 위반의 실수를 저지른 학생이라도 교칙 위반을 반복하지 않도록 조심한다면 대학 입시에서 불리하게 작용할 가능성을 최소화할 수 있습니다.

학교생활기록부와 내신 성적 대비 전략 Q & A

1. 미인정 결석이 많은 학생의 경우, 학생부 교과 전형에서 불리한 경우는 거의 없지만 학생부 종합 전형 지원은 힘들 수 있다.

2. 학년 초 수상 계획을 잘 확인하고 본인이 목표하는 대회를 미리 결정하고 대비한다.

3. 학생부 종합 전형을 목표로 한다면 본인의 진로와 관련된 창체동아리 활동을 해야 한다..

4. 학교 봉사활동 계획을 학년 초에 확인하고 본인에게 도움되는 봉사활동을 신청해서 활동한다.

5. 3월 모의고사라는 첫 단추를 잘 채우면 고등학교에서 주목받는 학생으로 올라선다.

6. 시험 기간에는 학습 시간 배분, 자투리 시간 활용 같은 시간과의 싸움을 즐겨야 한다.

7. 수행평가는 내신 성적의 기본 항목이므로 만점을 받기 위해 애써야 한다.

8. 학교생활교육위원회 선도 처분은 학교생활기록부에 남지 않지만 학교폭력 관련 내용은 기록된다.

참고 문헌

◆ 김형주, 류미선, 〈상위 1% 엄마들의 양날개전략〉 도서출판 두리미디어
  2010
◆ 강성태, 〈강성태 66일 공부법〉 다산북스 2016
◆ 구본선, 김호영, 〈이기는 공부습관〉 새로운 제안 2009
◆ 김현근, 〈현근이의 자기주도학습법〉 위즈덤하우스 2007
◆ 장동호, 〈나는 고3이다〉 문학동네 2015
◆ 김두용 외 7인, 〈퍼스널 브랜드로 완성하는 학종, 학생부를 부탁해〉
  연합교육 2020
◆ 정동완, 임명선, 김지영, 〈부모입시 코칭 끝판왕〉 진한엠앤비 2021
◆ 박권우, 〈수박먹고 대학간다〉 리빙북스 2021

저는 학력고사 마지막 세대라 수능을 경험하지 못했습니다. 한 학교에만 지원할 수 있었던 우리와 달리 여러 학교에 지원해 합격한 곳 중 하나를 골라갈 수 있다는 수능이라는 제도가 참 신기했던 기억이 나네요. 제게 수능에 관한 기억은 그게 전부입니다. 그 뒤에 수시, 학종, 입학사정관 등 여러 용어가 나왔지만 궁금하지 않았고, 관심도 없었습니다.

그러다 아이 중학교 입학을 앞두고 저와는 상관없다고 여기던 입시 관련 용어들이 갑자기 막 귀에 꽂히기 시작하더군요. 초등학교 입학한 지 얼마 안 된 것 같은데 벌써 중학교에 가다니. 3년 후의 고등학교 입학은 더 빨리 훅 다가올 것 같았습니다. 아무것도 모르고 고등 학부모가 되어 당황하는 것보다 입시 관련 용어라도 미리 알고 있어야 나중에 정보를 찾고 고르는 데도 편하지 않을까 싶어 〈고등 학부모 생활〉을 기획했습니다. 마침 회사에 〈초등 학부모 생활〉과 〈중학 학부모 생활〉 책이 있으니 같이 나오면 좋겠다 하는 생각도 들었고요.

이 책의 초판과 개정판을 쓴 저자는 고3 진학 지도 경험이 많은 영어 교사이자 저의 오랜 친구이기도 합니다. 책을 처음 써 보는 친구와 목차를 잡고, 원고를 읽으면서 궁금한 점을 묻고 대답을 듣는 과정은 힘들기도 했지만 재미가 있었습니다. 출판이라는 미지의 세계에 첫발을 디디고 새로운 걸 알아갈 때마다 신기해하는 친구의 모습을 보는 것도 좋았고, 저 역시 출판계 외에 입시라는 또 다른 세계를 알아가는 재미가 쏠쏠하더라고요. 게다가 곧 맞이하게 될 제 미래라서 내용이 더 마음에 와 닿았고 많은 공부가 된 작업이었습니다.

이번 개정판 작업은 2009년생 이후 학생들에게 초점을 두어 내용을 대폭 수정했습니다. 고교학점제에 따른 변화, 2028 대입 내용까지 해당 학생들에 맞게 내용이 전개됩니다.

이 책을 기획하기 전까지 전 고등학생이 되면 아이들이 알아서 다 할 줄 알았고, 부모가 할 일도 별로 없을 줄 알았습니다. 하지만 이 책을 하면서 고등학생씩이나 됐으니 알아서 하게 놔둬야겠다는 생각은 산산이 부서졌습니다. 오히려 고등학교 시절은 부모가 손을 놔야 하는 시기가 아니라 아이 손을 더 꽉 붙잡고 목표 지점까지 같이 가야 한다는 걸, 시대가 그걸 원하고 있다는 점을 알게 됐지요.

요즘은 시대가 달라져서 학교에만 모든 것을 맡길 것이 아니라 부모님도 많이 알아야 아이와 진로 관련 대화를 나누고 방향을 제시할 수 있게 됐습니다. 아이 대입만 생각하면 가슴이 답답해지고 도대체 어디서부터 어떻게 뭘 알아봐야 하는지 길을 모르겠다고 하시는 모든 (예비) 고등 학부모님께 이 책이 큰 도움이 되기를 바랍니다.